Amanda Biete de Oliveira
Camila Biete de Oliveira

Introdução à Alimentação Complementar para Crianças Alérgicas

Livraria & Editora Senac-DF,
Brasília – DF,
2019

SENAC • Serviço Nacional de
Aprendizagem Comercial – DF

PRESIDENTE DO CONSELHO REGIONAL
Francisco Maia Farias

DIRETOR REGIONAL
Antonio Tadeu Peron

EDITORA SENAC DISTRITO FEDERAL
Coordenador
Gustavo Henrique Escobar Guimarães
Editora-chefe
Bete Bhering (mariabh@df.senac.br)
Coordenação Comercial
Antonio Marcos Bernardes Neto (marcos@df.senac.br)
Coordenação Editorial
Gustavo Coelho (gustavo.souza@df.senac.br)
EQUIPE DA EDITORA
Bete Bhering, Gustavo Coelho,
Nair Ofuji e Nadyne de Codes

EDITORA SENAC-DF
SIA Trecho 3, lotes 625/695,
Shopping Sia Center Mall - Cobertura C

CEP 71200-030 - Guará - DF |
Telefone: (61) 3313.8789

e-mail: editora@df.senac.br

home page: www.df.senac.br/editora

Copyright © by Amanda Biete de Oliveira e Camila Biete de Oliveira. Todos os direitos desta edição reservados à Editora Senac-DF.

Editora Senac Distrito Federal, 2019.

CONSELHO EDITORIAL
Antônio Marcos Bernardes Neto
Gustavo Henrique Escobar Guimarães
Luis Afonso Bermudez
Luiz Carlos Pires de Araújo
Murillo Alencar Bezerra
Thales Pereira Oliveira

NESTA EDIÇÃO
Texto
Amanda Biete de Oliveira
Camila Biete de Oliveira
Capa
Gustavo Coelho
Nadyne de Codes
Projeto gráfico e diagramação
Gustavo Coelho
Nadyne de Codes
Ilustrações
Getty Images
Fotografia
Pedro Santos da Rocha Pinto
Revisão
Edelson Nascimento
Revisão de prova
Nair Ofuji

FICHA CATALOGRÁFICA

A553i
    Oliveira, Amanda B. de ; Oliveira, Camila B.
        Introdução à alimentação complementar para crianças alérgicas / Amanda B. de Oliveira, Camila B. de Oliveira - Brasília: SENAC, 2019.
        168 p. | 16x23cm
        ISBN: 978-85-62564-85-7
    1. Nutrição. 2. Alergia alimentar. 3. Alimentação infantil. I. Título.

CDU 612.39-053.2

Lidiane Maia dos Santos – Bibliotecária – CRB 2284/DF

Dedicamos este livro a Deus, à nossa família, aos nossos amigos e pacientes, que foram incansáveis em nos dar suporte e incentivo para que ele fosse concluído.

Quando a comida pode ser a sua inimiga

A mãe de uma criança alérgica está sempre em alerta. Cada refeição é como se ela atravessasse um campo minado. É preciso controlar não apenas os ingredientes, mas os traços: possíveis pequenas contaminações vindas de fábrica. Ou seja, uma loucura!

Desconfiamos até dos rótulos. Aliás, rótulos descritivos são uma vitória de um grupo de mães de alérgicos. Sim, as mães de alérgicos tiveram que se organizar e atuar politicamente para provar que alergia alimentar não é frescura e pode matar. A regulamentação final só saiu em 2015. Há pouco tempo.

De lá para cá, a luta agora é contra uma cultura que tende a pormenorizar as alergias alimentares, principalmente em crianças. É trazer informação para o público. Conhecimento. Mostrar que aquele produto *lacfree* não pode ser consumido por quem tem alergia a leite. Que não é paranoia perguntar se tem glúten no remédio. Que a clara do ovo da vacina de febre amarela pode matar, em vez de imunizar. E isso a gente só faz trazendo essas questões a público e fornecendo literatura médica de qualidade. Portanto, torna-se até redundante falar sobre a importância deste livro. O primeiro livro publicado por especialistas sobre a introdução alimentar para crianças alérgicas. Ponto para nós, o pessoal da inclusão!

Dados da Associação Brasileira de Alergia e Imunologia (ASBAI) dão conta de que cerca de 8% das crianças e 5% dos adultos têm algum tipo de alergia alimentar. E essas alergias podem causar desde um simples vômito a um choque anafilático. Eu, particularmente, acredito que esse número seja maior. O assunto ainda é novo na área médica, e o diagnóstico, difícil. Sem contar os casos em que a alergia é curada, mas volta depois de algum tempo.

Vivemos em uma realidade em que temos que lembrar às pessoas que elas precisam se alimentar de "comida de verdade", como reforça sempre a apresentadora Rita Lobo. Processados, enlatados, desidratados... Já vi até "verduras encapsuladas" como remédios. Não sabemos os processos químicos pelos quais os alimentos passam até chegar a nossa mesa. A comida está dando alergia e estamos ficando doentes.

É preciso parar e voltar alguns passos, para o tempo em que os legumes brotavam na cesta da cozinha quando não eram usados em pouco tempo. Em que o pão mofava e o leite talhava em três dias. Há quanto tempo você não vê um leite talhar? No supermercado tem leite fabricado há um ano, sem talhar. Isso não pode ser considerado normal. E o melhor momento para fazermos esse retorno é, sem dúvida, na introdução alimentar. Cada bebê que nasce é uma oportunidade para a família trazer hábitos saudáveis para o seu dia a dia. Se a criança for alérgica, então, isso é imprescindível.

Paula Andrade, jornalista, escritora e mãe de um bebê com alergia a caseína.

Sumário

13 — 01. Os mil primeiros dias de vida do bebê

21 — 02. O que é alergia alimentar?

27 — 03. Diagnóstico e tratamento das alergias alimentares

35 — 04. Alergias alimentares mais comuns

49 — 05. Aleitamento materno, Fórmulas infantis e Extratos Vegetais

59 — 06. Alimentos que não devem ser oferecidos nos primeiros anos de vida

67 — 07. A importância da leitura dos rótulos

75 — 08. Utensílios, equipamentos e contaminação cruzada

81 — 09. Alimentação complementar: como introduzir?

95 — 10. A introdução de alimentos alergênicos

103 — 11. Como variar o cardápio da criança?

115 — 12. Higienização dos alimentos

151 17 . Receitas para Introdução da Alimentação Complementar

141

16 . Como manter a socialização da criança?

133

15 . Como lidar com as rejeições?

14 . Armazenamento, congelamento e descongelamento **127**

119

13 . O preparo das refeições

Os mil primeiros dias de vida do bebê .01

A alimentação adequada durante a infância, principalmente até os dois anos de vida, é muito importante para a saúde do bebê e pode refletir na sua saúde até mesmo na sua vida adulta. Sabendo da importância disso, antes de entrar diretamente nos temas "alergias alimentares" e "introdução à alimentação complementar", temas principais deste livro, explicaremos o conceito de *imprinting* metabólico" e esclareceremos por que esse período é crucial na vida da criança.

"SOMOS O QUE COMEMOS." SERÁ?

Já ouviu a frase "somos o que comemos"? Pois bem, atualmente, à luz do conceito de *imprinting* metabólico, podemos dizer que somos aquilo que nossas mães comeram, o que comemos na infância e o que comemos hoje. Isso quer dizer que a alimentação da gestante tem um papel fundamental na saúde da criança até ela se tornar adulta, e também que, até os dois anos de idade, a experiência nutricional da criança pode influenciar, e muito, a sua saúde no futuro.

Todo o período compreendido entre o primeiro dia de gestação até a criança completar dois anos de idade, conhecido também como os mil primeiros dias de vida do bebê, vem sendo muito estudado nos últimos anos, pois pesquisadores querem entender melhor como os hábitos alimentares da gestante e do bebê nesses primeiros dias afetam as preferências alimentares, bem como o estado de saúde das crianças durante toda a sua vida.

Os resultados dessas pesquisas vêm demonstrando que a exposição nutricional adequada durante os mil primeiros dias de vida do bebê é crucial para a prevenção de doenças como obesidade, diabetes, hipertensão e inclusive alergias ao longo da vida. Isso é chamado de *imprinting metabólico*. [7]

Em outras palavras, o *imprinting* metabólico ou programação metabólica é o fenômeno pelo qual uma experiência nutricional durante períodos críticos da fase de desenvolvimento da criança pode contribuir para alteração da fisiologia e do metabolismo do organismo, causando consequências a serem observadas na vida adulta. [7]

O efeito de programação metabólica começou a ser estudado por David Barker. Esse pesquisador sugeriu, por meio de estudos, que a nutrição é peça fundamental durante o desenvolvimento do bebê ainda dentro da barriga da mãe e que o excesso de peso de crianças recém-nascidas está relacionado a maiores riscos de desenvolvimento de problemas de saúde na vida adulta, como as doenças cardiovasculares. [2]

OS PRIMEIROS 270 DIAS DE VIDA: GESTAÇÃO

Hoje já sabemos que a alimentação materna exerce um papel fundamental durante a formação e desenvolvimento da criança ao longo da gestação. A alimentação saudável da gestante garantirá desenvolvimento adequado do bebê, bem como proteção contra doenças infecciosas, ajudando a criança a se tornar mais forte para enfrentar a vida fora do útero.

Pesquisadores constataram que a desnutrição materna, a obesidade e o diabetes durante a gestação e a lactação podem contribuir para o aumento do risco de obesidade nos filhos [13]. Isso reforça a importância de a gestante se alimentar adequadamente e receber acompanhamento profissional de médicos e nutricionistas para controle de peso, avaliação qualitativa e quantitativa da dieta, bem como ajustes necessários na suplementação de nutrientes importantes durante o período gestacional.

Estudos indicam, também, que os alimentos que a mãe consome durante a gestação podem influenciar o paladar do bebê nas suas preferências alimentares na infância. Por exemplo, se a mãe comeu excesso de açúcar durante a gestação, o seu filho ou filha tenderá a gostar de doces. Isso porque, durante a gestação, os hábitos alimentares da mãe estão relacionados com o olfato e o paladar da criança, uma vez que algumas substâncias são transmitidas pela placenta.[3]

OS 730 DIAS APÓS O NASCIMENTO: DE ZERO A DOIS ANOS DE VIDA

Após o nascimento do bebê, uma das formas mais bonitas de interação entre mãe e bebê é a amamentação. Além de comprovadamente aumentar o vínculo entre os dois, a amamentação até os dois anos é extremamente importante para o bebê, pois auxilia no desenvolvimento das articulações que participam da fala e estimula o padrão respiratório do recém-nascido. Além disso, estimula o crescimento e a resposta motora, diminui os riscos de infecções e alergias e contribui para o desenvolvimento do sistema imunológico, cerebral e digestivo.[4]

Estudos mostram que a amamentação da criança na primeira hora de nascimento previne vários tipos de doenças, inclusive alergias. Por isso, é importante o estímulo à amamentação ainda na sala de parto.[3]

Pesquisas mostram que os bebês alimentados com fórmula infantil têm um padrão de crescimento diferente dos que seguem em aleitamento materno, pois, geralmente, ganham mais peso entre os três e seis meses e, mais tarde, têm concentrações maiores de insulina no sangue. Além disso, apresentam diferenças no estado nutricional e também na microbiota intestinal. Tudo isso contribui para que os bebês alimentados com fórmula tenham maior risco de desenvolverem obesidade [5], diabetes tipo 1 e 2 [10, 15] e doenças cardiovasculares [12, 16] na vida adulta.

O aleitamento materno exclusivo até os seis meses de vida tem grande relação com a programação metabólica da criança, pois contribui para o desenvolvimento do sistema imunológico, diminuindo os riscos de infecções, além de colaborar com o desenvolvimento cerebral e a maturação do sistema digestório.

Além disso, quanto maior a diversidade de alimentos ingeridos pela mãe durante a amamentação, mais fácil será a aceitação de novos alimentos pela criança e menor será a seletividade alimentar futuramente.

Depois de conhecer melhor o *imprinting* metabólico, fica claro que o período da concepção até os dois anos de vida é importantíssimo, talvez o mais importante para manutenção da saúde da criança, podendo inclusive prevenir doenças no futuro.

Ressaltamos, portanto, que os pais têm papel fundamental na promoção da alimentação saudável da criança menor de dois anos de idade, afinal de contas, essa é a fase em que ela está formando hábitos que vão perdurar por toda a vida.

SAÚDE INTESTINAL NA GESTAÇÃO, NA INFÂNCIA E SUA RELAÇÃO COM ALERGIAS

A microbiota intestinal é composta por trilhões de microrganismos, em especial as bactérias. Esses microrganismos, que podem ser saudáveis para o organismo, chamadas de "boas bactérias", ou não ("más bactérias" e fungos, por exemplo) devem estar em equilíbrio. Em um indivíduo saudável, as "boas bactérias" devem prevalecer em relação às "ruins". [3]

É muito importante que a microbiota intestinal da gestante esteja saudável, uma vez que as bactérias consideradas saudáveis, além de modular a função intestinal da mãe e realizar outras funções importantes, também determinam a modulação do seu sistema imunológico e, por consequência, do bebê. [3]

Pesquisadores realizaram estudo de revisão sobre os fatores que modulam a microbiota do bebê, sendo eles: o tipo de parto, a alimentação, o desmame e a exposição a antibióticos. A partir disso foi possível entender sobre a relação entre saúde e alterações na microbiota intestinal. [14]

Em relação ao tipo de parto, acreditava-se que o parto normal favorecia a translocação de bactérias maternas para a criança, no entanto, em estudo realizado em 2013, por Gosalbes et al., não foram identificadas diferenças significativas na microbiota de bebês nascidos por parto vaginal em relação aos nascidos por meio de parto cesariano. [8]

Por outro lado, segundo Nutriel-Ohayon et al. (2016), existem pesquisas que mostram que a composição da microbiota intestinal de recém-nascidos via parto vaginal é diferente daqueles nascidos por cesárea [14]. Esses estudos mostram que a microbiota de bebês nascidos de parto normal está relacionada à microbiota vaginal materna, enquanto a microbiota de bebês nascidos via cesárea apresenta bactérias encontradas na pele e no ambiente [14]. Alguns autores mostram, ainda, que, no caso de crianças nascidas por cesárea, a administração de probióticos, desde o nascimento do bebê até os cinco anos de idade, contribuiu para reduzir a incidência de alergias [11].

Estudos recentes revelam que no leite materno estão presentes bactérias, como a *Weisella, Leuconostoc, Staphylococcus, Streptococcus* e *Lactococcus,* que contribuem para o desenvolvimento da microbiota saudável do recém-nascido [14, 8, 9]. O leite materno também contém fatores de crescimento (prebióticos) para os lactobacilos e bifidobactérias, que favorecem a instalação de microbiota benéfica ao organismo e desfavorável aos microrganismos patogênicos [3]. Além disso, estudos mostram que existem diferenças entre a composição da microbiota intestinal de bebês amamentados com leite materno em relação àqueles alimentados com fórmula infantil [14, 8, 9].

O uso de antibióticos nos primeiros meses de vida do bebê é também um fator que contribui para a alteração da microbiota da criança. Isso porque a utilização desse tipo de medicamento pode levar à redução de bactérias consideradas "do bem". Sabe-se ainda que existe uma relação entre o uso de antibióticos nos primeiros meses de vida do bebê e o desenvolvimento de doenças alérgicas, o que mostra a importância da composição da microbiota para melhora do sistema imunológico da criança [17].

Como se pode observar, muitos fatores podem influenciar o processo de colonização intestinal e modulação imunológica do recém-nascido. Assim, à medida que alguns fatores podem ser minimamente controlados em relação à alimentação da gestante e da criança, percebe-se a importância da nutrição, com a inclusão dos alimentos e suplementos alimentares adequados (inclusive probióticos) em cada fase da vida, especialmente nos mil primeiros dias de vida do bebê, para a prevenção de doenças futuras, inclusive as alergias.

Nos próximos capítulos deste livro, vamos abordar as alergias alimentares e formas de introduzir a alimentação complementar em crianças alérgicas. Desse modo, esperamos contribuir para que essas crianças tenham uma alimentação saudável e adequada, afinal, os mil primeiros dias de vida do bebê são fundamentais para a promoção e a manutenção da saúde, tanto na infância quanto na vida adulta.

REFERÊNCIAS

1. BAIRD, J. et al. Being big or growing fast: systematic review of size and growth in infancy and later obesity. *BMJ,* 2005;331:929.
2. BARKER, D. J. Fetal origins of coronary heart disease. *BMJ* . 1995, Jul. 15; 311(6998): 171-174.
3. CARREIRO, Denise Madi; CORREA, Mayra Madi. *Mães saudáveis têm filhos saudáveis*. 3. ed. São Paulo: Referência , 2014.
4. DEVINCENZI, U. M.; MATTAR, M. J. G.; CINTRA, E. M. Nutrição no primeiro ano de vida. In: SILVA, S. M. C. S.; MURA, J. D. A. P. *Tratado de alimentação, nutrição e dietoterapia*. São Paulo: Roca, 2007. p. 319-45.
5. DOMINGUEZ-BELLO M. G. et al. Delivery mode shapes the acquisition and structure of the initial microbiota across multiple body habits in newborn. PNAS 2010, 107:11971-11975.
6. GONZALEZ-PEREZ, G.; et al. (2016). Maternal antibiotic treatment impacts development of the neonatal intestinal microbiome and antiviral immunity. *J. Immunol*, 196,3768-3779. doi:10.4049/jimmunol.1502322.
7. HANLEY, B. et al. (2010) A review of metabolic programming, imprinting and epigenetics. *British Journal of Nutrition* .
8. HEIKKILA, M. P.; SARIS, P. E. J. Inhibition of staphylococcus aureus by the commensal bacteria of human milk. *Journal of Applied Microbiology*. 2003,95,471-478.
9. JIMENEZ, E. et al. Is meconium from healthy newborns actually sterile? doi:10.1016/j.resmic.2007.12.007.
10. KNIP, M.; VIRTANEN, S. M.; AKERBLOM, H. K. Infant feeding and the risk of type 1 diabetes. *Am J Clin Nutr,* 2010;91(suppl):1506S-13S.
11. KUITUNEN, M.; et al. (2009). Probiotics prevent IgE-associated allergy until age 5 years in cesarean-delivered children but not in the total cohort. *J. Allergy Clin. Immunol.* 123,335-341. doi:10.1016/j.jaci.2008.11.019.
12. LAW, C. M. et al. Fetal, infant, and childhood growth and adult blood pressure: a longitudinal study from birth to 22 years of age. *Circulation,* 2002;105:1088-92.
13. LEVIN, B. E. (2006). Metabolic imprinting: critical impact of the perinatal environment on the

regulation of energy homeostasis. *Philos Trans R Soc Lond B Biol Sci,* 361, 1107-1121.

14. NURIEL-OHAYON, M.; NEUMAN, H.; KOREN, O. Microbial changes during pregnancy, birth, and infancy. *Front Microbiol,* 2016; 14;7:1031 .

15. OWEN, C. G. et al. Does breastfeeding influence risk of type 2 diabetes in later life? A quantitative analysis of published evidence. *Am J Clin Nutr,* 2006;84: 1043-54.

16. _____. et al. Effect of breast feeding in infancy on blood pressure in later life: systematic review and meta-analysis. *BMJ,* 2003;327:1189-95.

17. TADDI, C. R.; FEBERBAUM, R. Microbioma intestinal no início da vida. *ILSI Brasil International Life Sciences Institute do Brasil,* 2017.

O que é alergia alimentar? .02

Se você é pai, mãe, cuidador de uma criança alérgica ou mesmo profissional da saúde, talvez já esteja bastante familiarizado com o tema "alergia alimentar", porém, é necessário se aprofundar um pouco mais no assunto e conhecer mais intimamente os aspectos que envolvem os cuidados com a criança alérgica.

Primeiramente, é importante destacar que se estima que cerca de 6% das crianças menores de três anos e 3,5% dos adultos sejam alérgicos a algum alimento. E esses valores vêm aumentando sistematicamente [6, 8]. Conhecer de forma exata o total de indivíduos alérgicos a alimentos ainda é bastante difícil, pois existem grandes diferenças entre a alergia alimentar relatada e a diagnosticada, o que causa imprecisão na contagem. [5]

As alergias a leite de vaca, ovo, trigo e soja são as mais comuns e, em geral, desaparecem ainda na infância. Porém, alergias desencadeadas por amendoim, nozes e frutos do mar podem perdurar por toda a vida [7].

A predisposição genética é um fator importante para avaliação de risco de alergias alimentares. Estudos evidenciam que 50% a 70% dos pacientes com alergia alimentar apresentam histórico de alergia na família e, caso a mãe e o pai apresentem alergia, há 75% de chance de os filhos também serem alérgicos [1].

ENTENDENDO AS ALERGIAS ALIMENTARES

Para entender como funciona o mecanismo das alergias, vamos primeiro apresentar o seu conceito. A alergia ou hipersensibilidade alimentar é definida como "um fenômeno em que as reações adversas são causadas por antígenos específicos após a exposição a um determinado alimento". [4]

Existem três tipos de reações imunológicas: as IgEs mediadas, as não mediadas e as reações mistas. As reações mediadas por IgEs são as mais comuns e causam reações imediatas em até duas horas após a exposição ao alimento, e a reação desencadeada pela IgE não mediada pode demorar de horas a dias para se manifestar de forma evidente. As reações mistas são aquelas mediadas por IgE, linfócitos T e citocinas pró-inflamatórias [2].

A Imunoglobulina E (IgE) é um tipo de anticorpo produzido naturalmente no nosso organismo. Esses anticorpos se fixam a receptores de mastócitos e basófilos quando ocorre a primeira sensibilização ao alérgeno alimentar. Em contatos posteriores com o mesmo alimento ocorre a ligação do alérgeno alimentar às IgEs e aos mastócitos e basófilos. Então são liberados mediadores vasoativos que induzem ao aparecimento das manifestações clínicas de hipersensibilidade imediata [3].

Entre as reações mediadas por IgE, as mais comuns são: reações cutâneas (dermatite atópica, urticária, inchaço sob a pele), gastrintestinais (edema e prurido de lábios, língua ou palato, vômitos e diarreia), respiratórias (asma e rinite) e reações sistêmicas (choque anafilático) [3].

Na tabela 1 é possível identificar os principais sintomas das alergias alimentares.

Tabela 1 – Sintomas da alergia alimentar.

ÓRGÃO	SINTOMAS
Pele	Eritema, urticária, angioedema (inchaço sob a pele), prurido, eczema.
Mucosa	Hiperemia conjuntival (vermelhidão nos olhos), edema, prurido, lacrimejamento, congestionamento nasal, espirros, desconforto/inchaço da cavidade oral.
Sistema Respiratório	Desconforto/prurido na laringofaringe, rouquidão, dificuldade de engolir, tosse, sensação de aperto no peito, dificuldade em respirar.
Sistema Digestivo	Náusea, vômito, dor abdominal, diarreia, hemorragia retal.
Sistema Nervoso	Dor de cabeça, baixo vigor, agitação, comprometimento da consciência, incontinência.
Sistema Circulatório	Diminuição da pressão arterial, taquicardia, bradicardia, arritmia, frieza dos membros, palidez.

Adaptado de Ebisawa et al. (2017).

ALERGIA X INTOLERÂNCIA

É muito comum a confusão entre os conceitos de alergia e intolerância alimentar, porém, é importante deixar clara a diferença entre elas, uma vez que são desordens totalmente diferentes uma da outra.

A intolerância alimentar é caracterizada por uma reação alimentar não alérgica [9], ou seja, não envolve o sistema imune, e normalmente é causada pela carência de uma enzima que metaboliza determinado nutriente. Já a alergia alimentar é uma resposta adversa do sistema imune após a exposição a um antígeno alimentar.

Um exemplo bastante conhecido é a intolerância a lactose. Essa desordem é consequência da deficiência no organismo de uma enzima chamada lactase, responsável por quebrar a lactose, açúcar do leite, em glicose e galactose. Assim, na falta dessa enzima, a lactose não é metabolizada no corpo e passa intacta diretamente para o intestino, gerando sintomas como desconfortos intestinais na criança.

Enquanto na intolerância a lactose há a deficiência da enzima lactase no organismo, na alergia ao leite ocorre uma reação alérgica a proteínas presentes no leite, consideradas antígenos alimentares. Na alergia à proteína do leite de vaca – APLV pode ocorrer desde sintomas gastrintestinais até anafilaxia.

Na Figura 1 é possível entender melhor a diferença entre os tipos de alergia e a intolerância alimentar.

Figura 1. Diferença entre alergia e intolerância alimentar.

Adaptado de Turnbull et al. (2015).

Existem no mercado alguns tipos de leite, queijos e iogurtes sem lactose (*lacfree*). São produtos adicionados da lactase, a enzima que está deficiente em pessoas com intolerância. No entanto, é importante ressaltar que não devem ser consumidos por pessoas alérgicas ao leite, pois esses produtos ainda continuam contendo as proteínas causadoras de reações alérgicas.

REFERÊNCIAS

1. ASSOCIAÇÃO BRASILEIRA DE ALERGIA E IMUNOPATOLOGIA. Alergia alimentar. Disponível em: <http://www.sbai.org.br>. Acesso em: 2 out. 2017.
2. _____; SOCIEDADE BRASILEIRA DE PEDIATRIA. Suplemento do Consenso Brasileiro sobre Alergia Alimentar: 2007. *Revista Médica de Minas Gerais,* 2008; 18(1 Supl 1): S1-S44.
3. COCCO, R. R. et al. Laboratorial approach in the diagnosis of food allergy. *Rev. Paul. Pediatr,* 2007;25(3):258-65.
4. EBISAWA, M. E.; ITO, K.; FUJISAWA, T. *Japanese guidelines for food allergy 2017*. Japanese Society of Allergology.
5. LONGO, G. L. et al. IgE-mediated food allergy in children. Published online July 9, 2013 <http://dx.doi.org/10.1016/S0140-6736(13)60309-8>.
6. SICHERER, S. H. et al. Genetics of peanut allergy: a twin study. *J Allergy Clin Immunol,* 2000; 106:53-6.
7. SOCIEDADE BRASILEIRA DE PEDIATRIA. Consenso Brasileiro sobre Alergia Alimentar: 2007. *Revista Brasileira de Alergia e Imunopatologia,* 2008. 64-89.
8. STRACHAN, D. P. Hay fever, hygiene, and household size. *BMJ* 1989; 299:1259-60.
9. TURNBULL, J. L.; ADAMS, H. N.; GORARD, D. A. Review article: the diagnosis and management of food allergy and food intolerances. *Aliment Pharmacol Ther,* 2015; 41: 3-25

Diagnóstico e tratamento das alergias alimentares .03

DIAGNÓSTICO

O diagnóstico das alergias alimentares é realizado a partir da investigação da história clínica da criança, quando os pais poderão descrever ao médico os sintomas apresentados pelo bebê. O pediatra terá papel importante em saber diferenciar os sintomas característicos da hipersensibilidade de outros sintomas apresentados em outro tipo de enfermidade. Para auxiliar no diagnóstico, exames laboratoriais também podem ser solicitados [2,10].

O hemograma é um exame laboratorial que pode auxiliar no diagnóstico de alergias, isso porque, por meio dele, podem ser detectadas complicações associadas, como a anemia. As reservas de ferro do organismo podem ser alteradas em caso de alergia alimentar, devido a possíveis perdas fecais [10].

Considerando-se as alergias IgE mediadas, a determinação da IgE específica no sangue, por meio de exame, é um importante marcador na identificação da alergia alimentar. A pesquisa de IgE específica em relação a um possível alimento pode ser feita de duas formas: *in vivo*, pela realização de testes cutâneos de hipersensibilidade imediata (TC), ou *in vitro*, por meio da dosagem da IgE específica no sangue, sendo o sistema ImmunoCAP o método mais empregado [1,11] . Esses exames poderão direcionar sobre qual alimento deverá ser utilizado em teste de provocação oral duplo-cego controlado (quando nem o médico nem os pais da criança sabem qual é o alimento testado), considerado atualmente como padrão-ouro no diagnóstico da alergia alimentar [2,1,10].

Na alergia alimentar não mediada por IgE, além de testes de provocação oral, podem ser realizados exames para quantificação de anticorpos IgG e IgG4 específicos no sangue e para quantificação de complexos antígeno-anticorpos. No entanto, alguns estudos apontam que ainda não há evidências sólidas para basear o diagnóstico dessas alergias a partir desses dois últimos exames citados. Nas alergias mediadas por mecanismos mistos, a avaliação compreende aquelas realizadas para IgE mediadas e não mediadas [2].

TESTE CUTÂNEO DE HIPERSENSIBILIDADE IMEDIATA – *IN VIVO*

Esse tipo de teste é considerado simples e rápido, pois pode ser realizado no próprio consultório médico. Ele consiste na aplicação, por meio de um equipamento chamado *puntor*, de extrato padronizado do possível alérgeno alimentar na pele da criança. Aguardam-se 15 minutos para avaliar o resultado, observando a formação de pápulas vermelhas, semelhante a uma picada de mosquito, com, pelo menos, 3 mm de diâmetro, no caso de reação alérgica positiva. Esse tipo de teste também pode ser usado para avaliar a tolerância da criança ao alimento causador da alergia. [2,7]

IgE SÉRICA ESPECÍFICA – *IN VITRO*

A concentração de IgEs no sangue depende da idade e requer métodos específicos para detectá-la [7]. Atualmente o exame baseia-se na análise quanto à quantidade de ligações IgE-antígeno. O método mais conhecido para realização desse exame é o ImmunoCAP, no entanto, pode ser feito também pelo método ELISA, mais simples que o anterior [2].

TESTE DE PROVOCAÇÃO ORAL

Teste de Provocação Oral (TPO) é um método importante para a confirmação da alergia alimentar. Por meio dele é possível reproduzir as manifestações clínicas apresentadas após o contato com o alimento.

Apesar de muitos pais terem receio da realização desse teste, ele pode auxiliar no diagnóstico da alergia, e deve ser feito sempre em ambiente hospitalar, com total acompanhamento médico e com infraestrutura necessária para atendimento de emergência [10]. O TPO pode ser realizado de duas formas: aberto ou fechado.

O teste aberto é aquele em que o paciente, seus responsáveis e o médico conhecem o alimento a ser oferecido. É um método bastante utilizado para afastar a hipótese de alergia alimentar ou para verificar se o indivíduo já adquiriu tolerância ao alimento após longo período de exclusão deste da dieta [3,6]. Nesse teste, o alimento é oferecido em sua forma natural e na quantidade consumida habitualmente.

No teste fechado simples-cego o paciente não conhece os alimentos que serão testados, mas o médico conhece. Nesse caso, o possível alérgeno alimentar será oferecido via cápsula ou misturado a outro alimento. Já no teste fechado duplo-cego placebo controlado, nem mesmo o médico sabe qual alimento será testado. Nesse caso, o alimento é fornecido por uma terceira pessoa. [3]

TRATAMENTO

O tratamento da alergia alimentar baseia-se, principalmente, na exclusão do alimento causador da alergia da dieta, contribuindo para evitar o desencadeamento dos sintomas, a progressão da doença e a piora das manifestações alérgicas e proporcionar à criança o crescimento e o desenvolvimento adequados.

Para a exclusão de algum tipo de alimento da dieta é importante acompanhamento com nutricionista, profissional responsável por realizar avaliação nutricional, elaboração de um plano alimentar adequado, para suprir as possíveis carências nutricionais a partir da exclusão de determinado alimento, bem como avaliar a necessidade da prescrição de suplementos alimentares [2].

Quando o bebê estiver em amamentação exclusiva, a restrição do alimento deve ser feita na dieta da mãe. Em seguida são realizados testes de tolerância, em que gradativamente os alimentos vão sendo reintegrados à dieta, para, assim, se identificar o alimento causador da alergia.

O nutricionista, além de prescrever um plano alimentar individualizado, deverá orientar sobre os alimentos recomendados, as formas de apresentação disponíveis dos alimentos, bem como aqueles que devem ser evitados e seus substitutos. Além disso, ele orientará quanto à leitura de rótulos de produtos, prática importantíssima para pais e familiares de crianças alérgicas.

A intervenção nutricional tem sido, por anos, o único tratamento para as alergias alimentares [11]. No entanto, alguns estudos propõem um novo tratamento baseado na administração de doses crescentes do alérgeno alimentar. Isso pode ser feito por meio da imunoterapia oral. Apesar de mostrar eficácia em um ambiente experimental, ainda são necessários novos estudos sobre a segurança, e com acompanhamento em longo prazo, para consolidar essa metodologia como estratégia terapêutica na alergia alimentar [9].

A suplementação de prebióticos e probióticos tem sido estudada para prevenção e/ou tratamento de alergias alimentares. O Consenso Brasileiro sobre Alergia Alimentar explica que, apesar dos benefícios do uso desses suplementos para outros fins, como melhora do funcionamento intestinal, ainda não há evidências suficientes que comprovem que sejam produtos eficientes na prevenção e/ou no tratamento das alergias alimentares [10]. Contudo, há estudos que mostram a importância dos probióticos para a modulação do intestino tanto da mãe quanto do bebê, sugerindo, inclusive, que a suplementação desses microrganismos auxilia na prevenção de alergias. Por isso, é importante que o nutricionista avalie a gestante, a lactante e/ou o bebê para prescrições individualizadas, a fim de garantir a melhor conduta para auxiliar na prevenção e no tratamento de alergias alimentares.

Ainda sobre o tratamento da alergia alimentar, no caso de a criança ser exposta pela primeira vez ao alimento e apresentar reação alérgica, deve-se imediatamente ir em busca de atendimento médico, para que sejam realizados os procedimentos adequados para alívio dos sintomas apresentados.

A DIETA DA MÃE QUE AMAMENTA UM BEBÊ ALÉRGICO

No caso de bebês alérgicos que ainda mamam, a exclusão do alimento causador da alergia deve ser feita na dieta materna, isso porque, mesmo que em quantidades pequenas, as proteínas alergênicas podem estar presentes no leite materno e provocar reações alérgicas no bebê.

A mãe deve procurar o nutricionista, para que seja prescrito plano alimentar individualizado, considerando a alergia alimentar da criança, bem como seja dada orientação quanto à leitura de rótulos de produtos, inclusive não alimentícios, que podem conter a proteína alergênica em sua composição.

Sabemos que é bastante difícil para a mãe restringir o consumo de alimentos no período da lactação, pois muitas vezes ela já está culturalmente adaptada e a mudança repentina na forma como se alimentar pode causar certa ansiedade. Por isso o acompanhamento com nutricionista é tão importante, para que este não somente prescreva o plano alimentar, mas faça as correções necessárias, no tempo adequado, para que a mãe não se mantenha em restrição alimentar por longos períodos sem necessidade.

Existe a crença de que a restrição de determinados alimentos na dieta da mãe durante a gestação e/ou lactação possa prevenir alergias alimentares no bebê, no entanto, essa restrição é totalmente desnecessária. Estudos mostram que ainda não há evidências convincentes de que a restrição alimentar durante a gestação e a lactação contribua para a prevenção da alergia em crianças [4, 5].

É importante ressaltar que, além dos ajustes relacionados à alergia alimentar, como a exclusão do alérgeno e a prescrição de suplementação adequada, se necessário, a lactante deverá, também, consumir alimentos saudáveis, ricos em vitaminas e minerais (ferro, cálcio, zinco, magnésio, vitamina A, C, D, E, K, complexo B etc.) e adequados em macronutrientes (carboidratos, proteínas e lipídios).). Isso auxilia o adequado crescimento e desenvolvimento do bebê, uma vez que o leite materno, até os seis meses de vida, é o único alimento da criança e deve ser mantido, complementado com alimentos, pelo menos até os dois anos de idade.

COMO SABER SE A CRIANÇA JÁ ADQUIRIU TOLERÂNCIA AO ALIMENTO?

Como já explicado, as alergias a leite de vaca, ovo, trigo e soja geralmente desaparecem ainda na infância, diferentemente das alergias desencadeadas por amendoim, nozes e frutos do mar, que podem perdurar por toda a vida [6].

Porém, uma das maiores dúvidas dos pais, principalmente em relação às alergias a leite de vaca, ovo, trigo e soja, é: como saber se a criança já adquiriu tolerância ao alimento?

A criança alérgica deverá sempre ser acompanhada pelo pediatra e/ou alergista. Com o tempo, e de acordo com a reação de cada criança, o médico realizará teste de provocação oral, para verificar a tolerância ao alimento. O teste deve ser realizado em ambiente hospitalar ou ambulatorial, de forma a medicar a criança rapidamente, caso ela apresente alguma reação [8].

Após a realização do teste, caso a criança não apresente nenhuma reação, o médico e o nutricionista orientarão a reintrodução do alimento na dieta da criança. Caso a criança ainda seja sensível ao alimento, a dieta isenta do alérgeno deverá ser mantida e, futuramente, outro teste de provocação oral poderá ser realizado, conforme orientação médica.

REFERÊNCIAS

1. BARAL, V. R.; HOURIHANE, J. O. Food allergy in children. *Postgrad Med J*, 2005;81:693-701.
2. COCCO, R. R. et al. Abordagem laboratorial no diagnóstico da alergia alimentar. *Ver Paul Pediatr*, 2007;25(3):258-65.
3. _____. et al. *Terapia nutricional na alergia alimentar em pediatria*. 1. ed. São Paulo: Atheneu, 2013.
4. KRAMER, M. S.; KAKUMA, R. Maternal dietary antigen avoidance during pregnancy or lactation, or both, for preventing or treating atopic disease in the child (Review). *Cochrane Database of Systematic Reviews*, 2012, Issue 9. Art. n. CD000133.
5. MURARO, A. et al. Dietary prevention of allergic diseases in infants and small children Part III: Critical review of published peerreviewed observational and interventional studies and final recommendations. *Pediatr Allergy Immunol*, 2004;15.
6. NOWAK-WEGRZYN, A. et al. Work Group report: oral food challenge testing. *J Allergy Clin Immunol*, June 2009.
7. PEREIRA, A. C. S.; MOURA, S. M., CONSTANT, P. B. L. Alergia alimentar: sistema imunológico e principais alimentos envolvidos. *Semina: Ciências Biológicas e da Saúde*, Londrina, v. 29, n. 2, p. 189-200, jul./dez. 2008.
8. PINOTTI, Renata. *Guia do bebê e da criança com alergia ao leite de vaca*. 1 ed. Rio de Janeiro: AC Farmacêutica, 2013.
9. SKRIPAK, J. M. et al. A randomized, double-blind, placebo-controlled study of milk oral immunotherapy for cow's milk allergy. *J Allergy Clin Immunol*, 2008 Dec;122(6):1154-1160.
10. SOLÉ, D. et al. Consenso Brasileiro sobre Alergia Alimentar: 2018 – Parte 2 – Diagnóstico, tratamento e prevenção. Documento conjunto elaborado pela Sociedade Brasileira de Pediatria e Associação Brasileira de Alergia e Imunologia. *Arq. Asma Alerg. Imunol*, 2018;2(1):39-82.
11. VICKERY, B. P. et al. Mechanisms of immune tolerance relevant to food allergy. *J Allergy Clin Immunol*, 2011: 127: 576-84.

Adriana Nardelli, mãe do Samuel (1 ano e 3 meses), que teve diagnóstico de APLV:

Pra mim, receber o diagnóstico de APLV foi libertador! Sabia que teríamos um caminho longo e de renúncias, mas também sabia que a saúde do Samuel melhoraria cada dia mais! Foram 4 meses e meio sofrendo muito com dores, cólicas, choros que 2 médicos chamaram de manha e de alergia ao meu leite.

No dia a dia, foram 9 meses de dieta restritiva, o mais difícil foi não "poder" me alimentar na rua. Samuel demandava muita atenção e dedicação e eu não tinha ajudante em casa. As primeiras semanas foram complicadas, mas tudo foi se ajeitando.

Hoje, dois meses depois do TPO (Teste de Provocação Oral), Samuel está curado! Sensação de dever cumprido e orgulho de ter conseguido sem um furo!!

Não faço dieta restritiva há 2 meses, então parece que tudo o que fiz ficou lá atrás. Eu não conseguiria se tivesse que fazer tudo de novo. Eu não dou conta. Deus sabe exatamente o meu limite. Mas parece que ficou lá pra trás, parece que tudo ficou mais leve. Quando a gente já está com a cura tudo fica mais leve, daí parece que toda aquela tensão, toda aquela coisa... a gente não consegue nem dimensionar, porque quando a gente está no dia a dia, não dá a impressão de que vai passar. A gente escuta "vai passar", você vai melhorar, mas parece que um dia tem 60 horas.

Alergias alimentares mais comuns . 04

As alergias mais comumente encontradas são a leite de vaca, trigo, ovo, peixe, amendoim, frutos do mar e soja. A exclusão do alérgeno é imprescindível para o tratamento da doença, tomando cuidado, inclusive, com a composição de suplementos alimentares.

LEITE DE VACA

Segundo a Associação Brasileira de Imunologia e Alergia, a alergia à proteína de leite de vaca é uma das mais comuns em crianças, com prevalência estimada em 2% destas. É verdade que está aumentando o número de crianças alérgicas ao leite de vaca, no entanto, há também um grande número de diagnósticos incorretos, principalmente quando a avaliação não é feita por médico especialista no tema [1].

A caseína e as proteínas do soro do leite, α-lactoalbumina e β-lactoglobulina, são as proteínas do leite mais associadas à alergia ao leite de vaca. Essas proteínas são os principais antígenos introduzidos na alimentação da criança por meio do leite materno (ingestão realizada pela mãe) ou fórmula infantil. Quando diagnosticada a alergia à proteína do leite de vaca (APLV), uma série de ações devem ser feitas pelos pais ou cuidadores da criança.

Primeiramente, é importante garantir a exclusão de leite e derivados da dieta da criança. Para os bebês que são amamentados, o alimento deve ser retirado da dieta da mãe, pois a proteína do leite de vaca passa para o leite materno. Quanto aos bebês que não estão em aleitamento materno, deve ser utilizada fórmula infantil específica prescrita pelo médico ou nutricionista. No Capítulo 5 falaremos especificamente das fórmulas infantis para crianças alérgicas à proteína do leite de vaca.

A APLV pode levar a uma diversidade de sintomas de intensidade variável em crianças. As reações podem ser classificadas em imediatas (mediadas por IgE) ou tardias (não mediadas por IgE). As reações imediatas ocorrem de minutos até duas horas após a ingestão do alérgeno alimentar e as reações tardias podem aparecer entre 48 horas e uma semana após a ingestão da proteína do leite de vaca. Pode, inclusive, ocorrer uma combinação entre reações imediatas e tardias, chamadas de reações mistas [24].

São vários os sinais e sintomas relacionados à APLV em crianças, sendo os mais comuns: dificuldade de engolir, frequente regurgitação, cólica e dor abdominal, vômito, anorexia, recusa a se alimentar, diarreia, constipação, coriza, tosse crônica, urticária, inchaço de lábios e pálpebras, anafilaxia (reação alérgica grave, que pode provocar a morte). [24]

Os leites de cabra ou de ovelha não devem ser utilizados em substituição ao leite de vaca, pois eles contêm proteínas que chegam a ser 90% semelhantes às proteínas do leite de vaca [17]; portanto, também podem ser tão alergênicos quanto. Por isso, o bebê alérgico que não for amamentado deve tomar a fórmula infantil adequada para a idade.

A tolerância alimentar é caracterizada pela ausência de resposta imune excessiva a partir da ingestão do alimento causador da alergia. A avaliação de tolerância é feita com orientação médica, por meio de testes de tolerância oral que podem ser feitos periodicamente, exceto em casos de anafilaxia [6].

OVO

A alergia ao ovo é uma das mais comuns em lactentes (crianças que ainda mamam) e crianças mais jovens. Entre 0,5% e 2,5% das crianças apresentam alergia a esse alimento [19]. Estudos relatam ainda que há uma incidência de 1,6% de alergia a ovo no primeiro ano de vida e uma incidência cumulativa de 2,6% nos primeiros dois anos [8].

O ovo contém proteínas de alto valor biológico e é amplamente consumido em todo o mundo, sendo mais comum o consumo de ovos de galinha. A alergia ao ovo ocorre quando proteínas presentes nesse alimento são reconhecidas pelo sistema imunológico do nosso organismo como invasoras, causando uma reação de defesa. Proteínas presentes na clara são as mais comumente desencadeadoras de alergia, no entanto, é possível que crianças desenvolvam alergia a proteínas específicas presentes na gema.

A alergia ao ovo pode ser IgE mediada ou não. As reações alérgicas mediadas por IgE são as manifestações mais comuns de alergia a ovo em crianças até um ano de vida. Essas reações ocorrem, geralmente, na primeira exposição do bebê aos ovos, na introdução à alimentação complementar. A reação alérgica a ovo não mediada por IgE começa várias horas após a exposição ao antígeno – no caso, a proteína presente no ovo – e ocorre, comumente, em condições de gastroenterite e esofagite eosinofílica e dermatite atópica [27].

São conhecidos 24 tipos de proteínas presentes no ovo, mas somente algumas delas apresentam potencial alergênico. Considerando a clara do ovo, as principais proteínas causadoras de alergias são a ovoalbumina e a ovomucoide [19].

Estudo realizado em 2014 estimou que aproximadamente 50% das crianças com alergia a ovo apresentarão tolerância a esse alimento após os seis anos de idade [6]. Por isso, é importante que a criança seja acompanhada pelo médico, para que sejam feitos testes de tolerância a fim de verificar quando, de fato, a alergia regrediu ou não.

É importante ressaltar que os pais de crianças alérgicas a ovo devem ter cuidado em relação às vacinas, uma vez que algumas podem conter componentes alergênicos do ovo, como é o caso da vacina contra febre amarela, que tem em sua composição níveis variáveis de ovoalbumina. Por isso, o médico sempre deverá ser consultado antes da aplicação de vacinas em crianças alérgicas.

TRIGO

O trigo é um dos cereais mais consumidos no mundo. É o principal cereal que contém glúten, responsável por vários tipos de doenças que são chamadas de desordens ou transtornos relacionados ao glúten. Essas desordens podem ser classificadas em: alergia ao trigo, doença celíaca (autoimune) e sensibilidade ao glúten (imunomediada) [21].

A prevalência de alergia a trigo e da doença celíaca é de 1% da população, e da sensibilidade ao glúten é de 6% [20]. Estudos relatam a prevalência de alergia ao trigo em crianças de 0,4% [13].

Apesar de tais desordens serem totalmente diferentes uma das outras e terem seus sintomas específicos, elas compartilham manifestações clínicas similares, o que torna desafiador o seu diagnóstico preciso [9]. Além disso, têm tratamento semelhante: a exclusão do agente alergênico da dieta.

Existem cerca de 21 tipos de alérgenos presentes no trigo, entre eles, os principais são os inibidores de alfa amilase e as gliadinas. Trata-se de proteínas que estão associadas a sintomas respiratórios e urticária de contato [9,16], quando consumidas por indivíduos alérgicos.

O consumo de trigo pode causar alergia IgE mediada tanto em crianças quanto em adultos. Segundo estudo realizado em 2008, a maioria das crianças alérgicas ao trigo apresenta dermatite atópica moderada a grave, e a ingestão do trigo leva a reações clínicas como urticária, angioedema, dificuldade em respirar, náuseas, dor abdominal e até mesmo anafilaxia [20].

Outro estudo, realizado em 2014, com 50 crianças com alergia a trigo IgE mediada, observou que a média de idade para tolerância do trigo foi de cinco anos. O percentual de resolução da alergia observado pelo estudo foi de 20% até quatro anos, 52% até oito anos, 66% até doze anos e 76% em indivíduos com dezoito anos de idade. O estudo conclui que a maioria das crianças alérgicas ao trigo começa a tolerar bem esse alimento apenas na adolescência [7].

PEIXE

A alergia ao peixe é caracterizada por uma resposta imune IgE mediada. A principal forma de sensibilização é por meio da exposição do alérgeno durante a ingestão, no entanto, pode ocorrer também por meio do sistema respiratório ou contato com a pele. O consumo de peixe por pessoas alérgicas pode levar a dor abdominal, diarreia, urticária, angioedema, asma e, em casos graves, anafilaxia [11, 2, 15].

A parvalbumina é o principal alérgeno alimentar presente em peixes. Existem poucos estudos sobre a quantidade de parvalbumina na maioria dos peixes consumidos. Em estudo realizado por Kuehn e colaboradores (2010) foi analisado o conteúdo dessa proteína em oito tipos de peixes: salmão, truta, bacalhau, carpa, arenque, cantarilho e atum. Identificou-se, pelo estudo, que a quantidade de parvalbumina nos peixes varia muito conforme a espécie, sendo o atum a espécie que apresentou menor quantidade dessa proteína, em relação às outras amostras estudadas. Além disso, o estudo observou que a quantidade dessa proteína pode ser 20% a 60% menor quando os peixes são cozidos.

Apesar de a literatura mostrar diferenças entre as concentrações de parvalbumina em diversas espécies de peixes, quando a alergia alimentar a esse alimento é identificada, recomenda-se a exclusão de todos os tipos de peixe da dieta da criança, inclusive suplementos alimentares à base de peixe, como o ômega 3.

FRUTOS DO MAR

Os frutos do mar são caracterizados por crustáceos (camarões), moluscos (mexilhões, ostras e lulas) e outros pequenos animais marinhos, excluindo-se os peixes. A prevalência de alergia aos frutos do mar é mais comum em países com maior consumo desse tipo de alimento [25].

Estudos publicados recentemente sobre alergia a frutos do mar em crianças foram feitos a partir de autorrelatos ou evidências de sensibilização, em vez de comprovação por meio de exames, o que dificulta conhecermos a real prevalência desse tipo de alergia em crianças. Estima-se que, nos Estados Unidos, cerca de 2% dos adultos e 0,1% das crianças tenham alergia a frutos do mar [25].

O principal alérgeno presente nos frutos do mar é a tropomiosina. Essa proteína é encontrada na maioria dos crustáceos e moluscos. As reações clínicas após o consumo de frutos do mar por crianças alérgicas variam de urticária até anafilaxia [28].

AMENDOIM

A alergia ao amendoim afeta entre 1% e 3% das crianças em países ocidentalizados. Nos últimos dez a quinze anos, observa-se que houve aumento dessa prevalência, principalmente nos Estados Unidos [17, 24, 10].

A alergia ao amendoim é geralmente IgE mediada, podendo levar a manifestações clínicas de minutos até duas horas após a ingestão do alérgeno alimentar [15]. Estudos mostram que a primeira reação ao amendoim ocorre até os dois primeiros anos de vida da criança, sendo que em 70% das vezes a reação ocorre já no primeiro contato com esse alimento. As reações clínicas mais comuns são urticária, inchaço sob a pele, dificuldade em respirar, tosse, diarreia, vômito e até mesmo choque anafilático [26].

Há 11 tipos de alérgenos alimentares presentes no amendoim, sendo os mais comuns a cupina e a conglutinina. Considerando essas proteínas, pode haver reação cruzada com nozes e leguminosas [18].

SOJA

A alergia a soja não é tão comum quanto outros tipos de alergia, como à proteína do leite de vaca, no entanto, ainda aparece com considerável frequência em crianças. Um estudo italiano encontrou uma prevalência de 1,2% de alergia a soja em um grupo de 505 crianças alérgicas e 0,4% em crianças que foram alimentadas com fórmula infantil à base de soja nos primeiros seis meses de vida [3]. A alergia a soja pode ser ou não mediada por IgE e apresenta vários tipos de reações clínicas, como urticária, inchaço nos lábios, dificuldade em respirar, dor abdominal, náuseas e vômitos [22].

Cerca de 28 tipos de proteínas presentes na soja foram identificados como capazes de se ligarem a receptores de IgE em pacientes alérgicos a soja. No entanto, apenas algumas dessas proteínas, consideradas alérgenos maiores, levaram mais de 50% de uma população testada a terem reações alérgicas [5, 12].

A maioria dos indivíduos com alergia a soja desenvolvem tolerância após a infância, com exceção daqueles com nível IgE de soja de 50 kU/L ou superior, que apresentam uma taxa mais lenta de desenvolvimento de tolerância [22].

DEFICIÊNCIAS NUTRICIONAIS NA ALERGIA

O principal tratamento na alergia alimentar é a retirada do alimento alergênico. Todavia , ao se retirarem esses alimentos da dieta, podem ocorrer deficiências nutricionais, caso o alimento seja completamente retirado e não haja substituição por outra fonte alimentar que contenha os mesmos nutrientes. Por isso é muito importante o acompanhamento com o nutricionista, para que ele prescreva um plano alimentar individualizado, suprindo as carências observadas pela exclusão do alimento.

É importante ressaltar que não existe um alimento substituto perfeito. Por isso, muitas vezes é necessário realizar uma combinação de alimentos para suprir a quantidade adequada daquele nutriente que não está sendo ingerido, devido à exclusão do alimento causador da alergia.

A Tabela 2 mostra quais sãos os principais nutrientes presentes nos alimentos alergênicos mencionados neste capítulo, bem como as fontes alternativas para a substituição. É importante lembrar que as informações presentes nessa tabela não substituem a consulta com um nutricionista, pois esse profissional fará uma análise detalhada do caso, para prescrição adequada de alimentos e, se necessário, de suplementos.

Tabela 2 –Principais alimentos alergênicos com seus principais nutrientes e alternativas para substituição.

PRINCIPAIS ALIMENTOS ALERGÊNICOS	PRINCIPAIS NUTRIENTES
Leite de vaca	Proteína, Vitamina D, Vitamina A, Vitamina B12, Riboflavina, Ácido pantotênico, Cálcio, Fósforo
Ovo	Proteína, Vitamina B12, Ácido fólico, Riboflavina, Ácido pantotênico, Selênio Biotina, Colina, Vitamina D
Soja	Proteína, Tiamina, Riboflavina, Vitamina B6, Ácido fólico, Cálcio, Fósforo, Magnésio, Ferro , Zinco
Trigo	Carboidratos, Tiamina, Niacina, Ferro, Selênio, Cromo, Magnésio, Ácido fólico, Fósforo, Molibdênio
Peixes e crustáceos	Ômega 3, Proteína, Vitamina B6,Vitamina B12 , Vitamina E, Selênio, Fósforo, Niacina
Amendoim e outras oleaginosas	Proteína, Vitamina E, Vitamina B6, Potássio, Fósforo, Magnésio, Manganês, Niacina, Cobre, Cromo, Biotina

FONTES ALTERNATIVAS	EXEMPLOS DE SUBSTITUTOS EM RECEITAS
Fórmulas infantis isentas de leite de vaca (primeira escolha para crianças com até dois anos de idade). Para crianças acima de dois anos, extrato vegetal (por exemplo, arroz) enriquecido com cálcio. Outras fontes de proteína de alto valor biológico: carnes e ovos. Ajustar o consumo de outros alimentos, como verduras e legumes; exposição regular ao sol (vitamina D).	Água, suco de frutas, bebidas a base de arroz.
Carnes, laticínios e vegetais verde-escuros.	Um ovo pode ser substituído por: uma colher (sopa) de linhaça ou chia hidratada; um pacote de gelatina sem sabor.
Feijão, grão de bico, ervilhas e lentilhas, carnes, laticínios.	
Outros cereais (entretanto, cerca de 20% dos pacientes reagem a outro cereal).	Farinha de trigo pode ser substituída por farinhas de arroz, milho, mandioca, polvilho doce e azedo, fécula de batata, amido de milho, creme de arroz, araruta, farinha de aveia, farinha de castanhas.
Linhaça, azeite de oliva, óleo de canola, ovos, carnes.	Carnes, ovos e laticínios.
Carne e laticínios Grãos integrais, vegetais verdes, abacate, açaí.	

Fonte: Adaptada de *Coco e colaboradores* (2013).

REFERÊNCIAS

1. ASSOCIAÇÃO BRASILEIRA DE ALERGIA E IMUNOLOGIA. *Declaração (statement) sobre prevalência de alergia ao leite de vaca*. 2016.

2. BOCK, S. A.; MUNOZ-FURLONG, A.; SAMPSON, H. A. Fatalities due to anaphylactic reactions to food. *J Allergy Clin Immunol,* 2001, 107:191–3. doi:10.1067/mai.2001. 112031.

3. BRUNO, G. et al. Soy allergy is not common in atopic children: a multicenter study. *Pediatr Allergy Immunol,* 1997; 8(4):190–3. [PubMed: 9553984]

4. BURKS, A. W. Peanut allergy. *Lancet,* 2008;371:1538-46.

5. CINADER, B. Chairman's report to the WHO-IUIS Nomenclature Committee, Kyoto, 25 August 1983. *Immunology,* 1984; 52(3):585–7. [PubMed: 6745999]

6. COCCO, R. R. et al. *Terapia Nutricional na Alergia Alimentar em Pediatria.* 1. ed. São Paulo: Atheneu, 2013.

7. CZAJA-BULSA, G.; BULSA, M. The natural history of IgE mediated wheat allergy in children with dominant gastrointestinal symptoms. *Allergy, Asthma & Clinical Immunology,* 2014, 10:12.

8. EGGESBO, M. et al. The prevalenceof allergy to egg: a population-based study in young children. *Allergy.* 2001;56:403-11.10.

9. ELLI, L. et al. Diagnosis of gluten related disorders: Celiac disease, wheat allergy and non-celiac gluten sensitivity. *World J Gastroenterol,* 2015, June 21; 21(23): 7110-7119.

10. FLEISCHER, D. M. et al. Consensus communication on early peanut introduction and the prevention of peanut allergy in high-risk infants. *J Allergy Clin Immunol,* 2015.

11. JEEBHAY, M. F. et al. Environmental exposure characterization of fish processing workers. *Ann Occup Hyg* (2005) 49:423-37. doi:10.1093/annhyg/meh113.

12. KATTAN, J. D. et al. Milk and soy allergy. *Pediatr Clin North Am,* 2011 April ; 58(2): 407-426. doi:10.1016/j.pcl.2011.02.005.

13. KEET, C. A. et al. The natural history of wheat allergy. *Ann Allergy Asthma Immunol,* 2009; 102: 410-415 [PMID: 19492663 DOI: 10.1016/ S1081-1206(10)60513-3]

14. KUEHN, A. et al. Important variations in parvalbumin content in common fish species: A Factor Possibly Contributing to Variable Allergenicity. *Int Arch Allergy Immunol,* 2010;153:359-366.

15. KUEHN, A. et al. Fish allergens at a glance: variable allergenicity of parvalbumins, the major fish allergens. *Frontiers in Immunology | Immunotherapies and Vaccines,* April 2014.

16. MAKELA, M. J. et al. Wheat allergy in children: new tools for diagnostics. 2014 John Wiley & Sons Ltd, *Clinical & Experimental Allergy,* 44 : 1420-1430

17. NWARU, B. I. et al. The epidemiology of food allergy in Europe: a systematic review and meta-analysis. *Allergy,* 2014;69:62-75.

18. OLIVEIRA, L. C. L.; SOLÉ, D. Alergia ao amendoim: revisão. *Revista Brasileira de Alergia e Imunopatologia,* 2012;35(1):3-8.

19. PEREIRA, A. C. S.; MOURA, S. M.; CONSTANT, P. B. L. Alergia alimentar: sistema imunológico e principais alimentos envolvidos. *Semina: Ciências Biológicas e da Saúde,* 2008;29(2):189-200.

20. RAMESH, S. Food allergy overview in children. *Clin Rev Allergy Immunol,* 2008, 34:217-230.

21. SAPONE, A. et ali. Spectrum of gluten disorders: consensus on new nomenclature and classification. *BMC Med,* 2012, 10:13. doi:10.1186/1741-7015-10-13.

22. SAVAGE, J. H. et al. The natural history of soy allergy. *J Allergy Clin Immunol,* Mar. 2010.

23. SICHERER, S. H. et al. The natural history of egg allergy in an observational cohort. *J Allergy Clin Immunol*, 2014.

24. SICHERER, S. H. et al. US prevalence of self-reported peanut, tree nut, and sesame allergy: 11-year follow-up. *J Allergy Clin Immunol*, 2010;125:1322-6.

25. SICHERER, S. H.; MUNOZ-FURLONG, A.; SAMPSON, H. A. Prevalence of seafood allergy in the United States determined by a random telephone survey. *J Allergy Clin Immunol*, 2004;114:159-165.

26. SICHERER, S. H.; BURKS, A. W.; SAMPSON, H. A. Clinical Features of Acute Allergic Reactions to Peanut and Tree Nuts in Children. *Pediatrics*, 1998;102:e6.

27. TAN, J. W.; JOSHI, P. Egg allergy: An update. *Journal of Paediatrics and Child Health*, 50 (2014) 11-15.

28. TURNER, P. et al. Seafood allergy in children: a descriptive study. *Ann Allergy Asthma Immunol*, 2011;106:494-501.

Aleitamento materno, Fórmulas infantis e Extratos Vegetais . 05

O LEITE MATERNO

O leite materno contém fatores bioativos que influenciam a maturação do sistema imunológico e do microbioma intestinal do bebê, assim como seu desenvolvimento físico e cognitivo [5]. A Organização Mundial de Saúde recomenda o aleitamento materno exclusivo até os seis meses de idade do bebê [14]. A partir dessa recomendação, muitas pesquisas foram elaboradas para investigar a relação entre o aleitamento materno prolongado e o risco de desenvolvimento de alergias.

Um estudo de revisão realizado por Gdalevich e colaboradores (2001) mostrou um efeito protetor no desenvolvimento de asma por meio da amamentação exclusiva pelo menos até os três meses de idade do bebê. O estudo também mostrou o efeito protetor do aleitamento materno contra o desenvolvimento de dermatite atópica em crianças que já possuíam histórico familiar de alergia [7].

Outro estudo mostrou que o aleitamento materno exclusivo até os seis meses de vida do bebê diminuiu o risco à alergia à proteína do leite de vaca (APLV), à dermatite atópica e a outros tipos de alergias, principalmente nas crianças que já apresentavam histórico familiar de alergia [13].

Durante o período de aleitamento, o organismo da nutriz modifica a composição do leito materno para suprir as necessidades de seu bebê [11]. Os componentes nutricionais do leite humano são originários das seguintes fontes: síntese pelos lactocitos, origem dietética e estoques no organismo materno. Geralmente a qualidade nutricional do leite materno é bem conservada, no entanto, é importante salientar que a dieta materna adequada é fundamental para a presença de algumas vitaminas e alguns ácidos graxos no leite [3].

Em geral, na primeira semana pós-parto é secretado o colostro, que é um líquido amarelado e espesso, rico em componentes imunológicos, como a Imunoglobulina A (IgA) secretora, a lactoferrina, os leucócitos, bem como fatores de crescimento epidérmico. Ao longo da segunda semana após o parto, a mãe secreta o leite de transição. De quatro a seis semanas após o parto, o leite humano é considerado totalmente maduro [6], contendo proteína, lactose, lipídios e minerais, como ferro e cálcio, além de vitaminas A, do complexo B, C, E, K e anticorpos.

QUANDO NÃO AMAMENTAR?

Existem algumas situações em que o aleitamento materno é contraindicado, como, por exemplo, nos seguintes casos:

- Galactosemia: ocorre quando o bebê não tem uma enzima importante para o metabolismo da galactose, um tipo de açúcar presente no leite.

- Fenilcetonúria: ocorre quando o bebê não tem a enzima fenilalanina hidroxilase e não consegue quebrar o aminoácido fenilalanina.

- Mães portadoras do vírus HIV, do vírus da Hepatite C, com doença de chagas, hanseníase, entre outras doenças [4].

Não é recomendado deixar de amamentar o bebê por ele ter alergia a algum tipo de alimento. A recomendação é retirar o alérgeno alimentar da dieta da mãe e continuar a amamentar o bebê normalmente.

Já vimos que o leite materno é um alimento muito importante para o bebê, pois contribui para diversos benefícios para sua saúde, como a redução de infecções, o desenvolvimento do sistema nervoso do bebê, reduzindo risco de desenvolvimento de doenças crônicas, como a obesidade na fase adulta, entre outros diversos benefícios. Por isso, é importante ressaltar que deve ser feito o máximo de esforço para manter o bebê em aleitamento materno mesmo se ele apresentar algum tipo de alergia a alimentos consumidos pela mãe. Nesse caso, o alimento causador da alergia no bebê deve ser excluído da dieta da mãe, para que o aleitamento materno seja mantido.

Lembramos, no entanto, que, se, por algum motivo, os pais decidirem pela interrupção do aleitamento materno, a melhor opção será incluir a fórmula infantil específica para a idade, que deve ser prescrita pelo médico ou pelo nutricionista.

TIPOS DE FÓRMULA INFANTIL

Ensaios clínicos vem sendo realizados para aperfeiçoamento da composição nutricional das fórmulas infantis, [9] a fim de garantir o crescimento e o desenvolvimento adequado dos lactentes alimentados com fórmulas infantis. Existem duas classificações de fórmulas infantis:

- Fórmula de partida: é aquela recomendada a crianças de zero a seis meses.

- Fórmula de seguimento: recomendada a partir do sexto mês até dois anos de idade.

Dentro dessas classificações existem diversos tipos e marcas de fórmulas infantis, como, por exemplo:

- AR (antirregurgitação): indicada para crianças que apresentam refluxo.

- Parcialmente hidrolisadas: não indicadas para crianças alérgicas à proteína do leite de vaca, pois contém em sua composição prote-ínas intactas.

- Extensamente hidrolisadas: recomendadas para crianças com APLV (alergia à proteína do leite de vaca).

- Fórmulas de aminoácidos livres: fórmulas hipoalergênicas, pois suas proteínas se encontram na forma de aminoácidos.

- Fórmulas à base de soja: não são recomendadas para crianças me-nores de seis meses.

As fórmulas infantis podem ser à base de leite de vaca, de soja ou de ar-roz. E, apesar de existirem várias marcas e tipos de fórmulas infantis no mer-cado, é importante destacar que a fórmula adequada para o lactente deve ser prescrita pelo médico ou nutricionista, levando em consideração o es-tado nutricional da criança, a idade, o histórico de alergia na família, sinais e sintomas apresentados.

APLV EM CRIANÇAS QUE RECEBEM LEITE MATERNO

Nos casos de bebês que estão em aleitamento materno e são diagnosticados com alergia à proteína do leite de vaca, é fundamental que haja a exclusão do alérgeno alimentar da dieta da mãe e seja reforçada a importância dos benefícios gerados ao bebê com a manutenção do aleitamento materno.

A DIETA MATERNA

Existem ainda muitas dúvidas sobre o que a mãe pode ou não comer nesse período, e muitas acabam, infelizmente, por desmamar a criança. É importante que essa mãe tenha acompanhamento nutricional, para que fique segura quanto ao que pode ou não ser incluído na sua alimentação.

A mãe que amamenta um bebê com APLV deve excluir da sua dieta leite e derivados e as frações do leite encontradas em alimentos ou produtos. Por isso, é importante prestar muita atenção nos rótulos dos alimentos, pois estes podem conter leite em sua composição. E não somente os de alimentos; é importante observar também os rótulos de outros produtos, como, por exemplo, de cremes corporais e sabonetes, pois muitos possuem leite ou traços na sua composição, e o uso desses produtos também deve ser evitado. É importante ressaltar que, para identificar se um produto contém ou não leite em sua composição, deve ser observada a lista de ingredientes, e não a tabela nutricional.

O acompanhamento com o nutricionista, nessa fase, é importantíssimo, pois ele poderá prescrever uma dieta individualizada à mãe, excluindo o alimento alergênico e balanceando os nutrientes necessários para que a amamentação não seja prejudicada.

APLV EM CRIANÇAS QUE NÃO RECEBEM LEITE MATERNO

Quando a criança deixa de receber leite materno, deve ser feita a introdução da fórmula infantil adequada para a idade. No caso de lactentes com diagnóstico de alergia à proteína do leite de vaca (APLV) que não recebem mais o leite materno, o médico deverá indicar a fórmula infantil específica para o caso, considerando os sinais e sintomas apresentados, bem como a história clínica da criança.

Os bebês diagnosticados com alergia à proteína do leite de vaca (APLV) podem ser alimentados com fórmulas à base de leite de vaca extensamente hidrolisadas ou fórmulas à base de aminoácidos livres. As fórmulas infantis de proteínas de arroz hidrolisadas são opções mais recentes e que demonstraram ser bem toleradas por esses bebês alérgicos [10].

POR QUE NÃO OFERECER EXTRATOS VEGETAIS?

Não é recomendado oferecer extratos vegetais (conhecidos por leigos como "leites" vegetais), como de soja, de arroz, de castanha, entre outros, como substituto do leite materno. Os extratos vegetais não são adequados em macronutrientes e micronutrientes, que são importantes para o crescimento e desenvolvimento do bebê.

Por isso, ressaltamos que, caso o bebê não possa ser amamentado, o médico ou o nutricionista deverá indicar a fórmula infantil adequada para a idade e a condição fisiológica do bebê.

FÓRMULA INFANTIL À BASE DE SOJA

As fórmulas infantis à base de soja não devem ser utilizadas por crianças com idade inferior a seis meses. Além disso, não é recomendado oferecê-las para crianças com APLV, pois estudos apontam que de 30% a 50% das crianças com APLV IgE não mediada apresentam também alergia a soja [2].

Além disso, estudos em 2014 mostraram que as isoflavonas presentes na soja podem induzir a primeira menstruação (menarca) de forma precoce, em meninas, quando a introdução de fórmula infantil à base de soja é feita antes dos quatro meses de idade. Isso pode acontecer porque as isoflavonas da soja podem se ligar em receptores de estrógeno e atuar com função similar ao 17 β-estradiol. No entanto, ainda são poucas as pesquisas que apontam esses resultados. Por isso, ainda são necessários novos estudos em humanos, com maior tempo de duração, amostra significativa e método adequado [1,6].

FÓRMULA INFANTIL À BASE DE PROTEÍNA EXTENSAMENTE HIDROLISADA

Geralmente, para crianças com APLV que não são mais alimentadas com leite materno, a fórmula infantil extensamente hidrolisada é a primeira opção e já tem eficácia comprovada em bebês com APLV [8].

FÓRMULA INFANTIL À BASE DE AMINOÁCIDOS LIVRES

Quando os sintomas são extremamente graves, como risco de anafilaxia, são utilizadas como primeira opção as fórmulas infantis à base de aminoácidos, que são fórmulas em que a proteína se encontra sob a forma de aminoácidos livres [6, 8].

FÓRMULA INFANTIL À BASE DE PROTEÍNA DE ARROZ PARCIALMENTE HIDROLISADA

Geralmente as fórmulas infantis à base de leite de vaca extensamente hidrolisadas e, principalmente, as fórmulas à base de aminoácidos livres têm um sabor amargo, o que leva à recusa pelos lactentes, e a fórmula à base de soja não é indicada, principalmente antes dos seis meses de vida, como foi visto anteriormente. Por isso, iniciou-se estudo de outras opções para uso em crianças com APLV, como a fórmula infantil à base de proteína de arroz parcialmente hidrolisada e suplementada com L-lisina e L-treonina, para atingir um perfil de aminoácidos semelhante ao do leite materno [10].

Estudos feitos por Vandenplas e colaboradores (2014) mostraram que crianças com APLV apresentaram boa tolerância à fórmula à base de arroz parcialmente hidrolisado. Por isso, essa fórmula é uma alternativa adequada e segura para substituição de fórmulas à base de leite de vaca [12].

É importante ressaltar que as fórmulas infantis devem ser prescritas apenas pelo nutricionista ou pelo médico, de acordo com a idade e as necessidades individuais de cada criança.

REFERÊNCIAS

1. ADGENT, M. et al. Early life soy exposure and age at menarche. Paediatr Perinat Epidemiol, 2012 March; 26(2): 163-175.

2. AGOSTINI, C. et al. ESPGHAN Committee on Nutrition, Soy protein infant formulae and follow--on formulae: a commentary by the ESPGHAN Committee on Nutrition. *J Pediatr Gastroenterol Nutr,* 2006 Apr;42(4):352-61.

3. BALLARD, O.; MORROW, AL. Human Milk Composition: Nutrients and Bioactive Factors. *Pediatr Clin North Am,* 2013 February; 60(1): 49-74

4. BRASIL. Ministério da Saúde. Saúde da criança: nutrição infantil, aleitamento materno e alimentação complementar. *Caderno de Atenção Básica,* n. 23, Brasília-DF, 2009.

5. BORSUTZKY, S. et al. TGF-beta receptor signaling is critical for mucosal IgA responses. *J Immunol,* 2004;173(5):3305-9. Epub 2004/08/24.

6. COCCO, R. R. et al. Terapia Nutricional na Alergia Alimentar em Pediatria. 1. ed. São Paulo: Atheneu, 2013.

7. GDALEVICH, M.; MIMOUNI, D.; MIMOUNI, M. Breast-feeding and the risk of bronchial asthma in childhood: a systematic review with meta-analysis of prospective studies. *J Pediatr*, 2001;139(2):261-6. Epub 2001/08/07.

8. KOLETZKO, S. et al. Diagnostic Approach and Management of Cow's-Milk Protein Allergy in Infants and Children: ESPGHAN GI Committee Practical Guidelines. *JPGN*, v. 55, n. 2, Aug. 2012.

9. LÖNNERDAL, B. Infant formula and infant nutrition: bioactive proteins of human milk and implications for composition of infant formulas. *Am J Clin Nutr*, 2014;99(suppl):712S-7S. Printed in USA.

10. RECHE, M. et al. The effect of a partially hydrolysed formula based on rice protein in the treatment of infants with cows milk protein allergy. *Pediatr Allergy Immunol,* 2010 Jun;21(4 Pt 1):577-85.

11. US NATIONAL LIBRARY OF MEDICINE. National Institutes of Health. *The Surgeon General's Call to Action to Support Breastfeeding.* Rockville (MD), 2011.

12. VANDENPLAS, Y., GREEF, E. D.; HAUSER, B. Safety and tolerance of a new extensively hydrolyzed rice protein-based formula in the management of infants with cow's milk protein allergy. *Eur J Pediatr,* 2014, 173:1209-1216.

13. VAN ODIJK, J. et al. Breastfeeding and allergic disease: a multidisciplinary review of the literature (1966-2001) on the mode of early feeding in infancy and its impact on later atopic manifestations. *Allergy,* [S.l.], v. 58, p. 833-43, 2003.

14. WHO. Global Strategy for Infant and Young Child Feeding, The Optimal Duration of Exclusive Breastfeeding.; Geneva. *Geneva:* World Health Organization, 2001.

66

Fernanda Dias Xavier, mãe da Natália Xavier Martins (2 anos), que teve diagnóstico de APLV aos 2 meses de vida:

Natália, durante o primeiro mês de nascida, apresentou muita constipação e refluxo.

Ela saiu da maternidade com complemento porque eu tinha pouco leite.

Por isso, tentamos vários tipos de fórmulas.

Um pouco antes de fazer dois meses, houve um episódio de sangue nas fezes.

Entrei em contato com o pediatra e mandei uma foto, ele mandou imediatamente suspender leite e seus os derivados da minha dieta e passar a fórmula da Natália para o neocate.

Na consulta de dois meses, além de suspender leite e derivados de leite, inclusive de cabra e de bufála, cortou a carne vermelha.

Durante o período todo em que amamentei (seis meses), a dieta foi bastante restrita.

Conseguimos na rede pública, o puramino que ela tomou bastante tempo.

Quando a Nat fez um ano, começamos a reintroduzir o leite em sua alimentação, primeiramente uma medida de pregomim pepit ao puramino, depois duas e assim por diante. Esse processo durou uns seis meses, pois fizemos bem lentamente até que finalmente o pregomim substituiu integralmente o puramino.

Depois disso, Natália não apresentou mais alergia.

Durante a gestação, tomei leite de castanha, pois não tomo mais leite de vaca, mas os derivados foram consumidos normalmente, inclusive fazia parte da minha dieta diária whey protein. Só tomo leite de vaca eventualmente, quando saímos.

99

Alimentos que não devem ser oferecidos nos primeiros anos de vida. 06

No Capítulo 1, falamos de quão é importante a alimentação adequada da gestante e também da criança, até completar dois anos de idade, na prevenção de doenças na fase adulta. Nesse contexto, há alimentos que devem ser evitados, pelo menos até a criança completar dois anos de idade, independentemente de diagnóstico de alergias.

ALIMENTOS IN NATURA X PROCESSADOS X ULTRAPROCESSADOS

O Guia Alimentar para a População Brasileira (2014) divide os alimentos em quatro categorias, de acordo com o seu tipo de processamento:

- Alimentos *in natura* ou minimamente processados: São alimentos colhidos diretamente de plantas ou de origem animal, como folhas e frutos ou ovos e leite, e obtidos para o consumo sem que tenham sofrido qualquer alteração após deixarem a natureza. Quando os alimentos *in natura* sofrem alterações mínimas antes de sua aquisição, são considerados alimentos minimamente processados, como, por exemplos, grãos secos, polidos e empacotados ou moídos na forma de farinhas, raízes e tubérculos lavados, cortes de carne resfriados ou congelados e leites pasteurizados.

- Óleos, gorduras, açúcar e sal: Produtos extraídos de alimentos *in natura* ou diretamente da natureza. São usados pelas pessoas para temperar, cozinhar alimentos e criar preparações culinárias. Contribuem para variar e deixar mais saborosa a alimentação.

- Alimentos processados: Quando, para a fabricação de um produto, se adicionam essencialmente sal ou açúcar em um alimento *in natura* minimamente processado. Como as conservas de alimentos inteiros preservados em salmoura ou solução de sal e vinagre, frutas inteiras conservadas em açúcar, vários tipos de carne acrescentados de sal e peixes preservados com sal ou óleo, queijos produzidos com leite e sal (além dos micro-organismos usados no processo de fermentação) e pães feitos com farinha de trigo, água e sal (além da levedura utilizada para fermentar a massa).

Alimentos ultraprocessados: Alimentos em que a fabricação, em geral, é realizada por indústrias, envolvendo diversas etapas e técnicas de processamento e vários ingredientes, muitos deles de uso exclusivamente industrial. Como exemplos, pode-se citar refrigerantes, biscoitos recheados, "salgadinhos de pacote", "macarrão instantâneo", sorvetes, balas e guloseimas [1].

O *Guia* recomenda que nossa alimentação seja baseada em alimentos *in natura* ou minimamente processados, e que sejam usados com moderação óleos, gorduras, sal e açúcar nas preparações culinárias [1].

COMER BEM NÃO É COMER DE TUDO!

Os alimentos ultraprocessados devem ser evitados tanto por crianças quanto por adultos, pois podem conter altas concentrações de açúcares, gorduras e sal, que contribuem para o desenvolvimento de desordens metabólicas. Nesse contexto, descrevemos, a seguir, alimentos que não devem fazer parte da alimentação de crianças.

AÇÚCAR

O açúcar não deve fazer parte da alimentação de criança no mínimo até os dois anos de idade. O excesso de açúcar pode levar ao desenvolvimento de problemas de saúde, desde a cárie até doenças mais graves, como obesidade, diabetes e dislipidemias [3, 4].

A introdução precoce do açúcar influencia negativamente o paladar da criança, determinando suas preferências alimentares futuras [2]. Os valores alimentares aprendidos na infância formam a base para os hábitos que permanecerão para as fases futuras da vida. É importante lembrar que as crianças não sentem falta ou necessidade de comer o que não lhes é oferecido, pois elas não sabem que o alimento fica mais "saboroso" quando acrescido de açúcar, afinal, ninguém sente falta do que não conhece.

Muitas pessoas acreditam que apenas não adicionar açúcar em preparações é o suficiente e se esquecem de produtos industrializados muito açucarados que são oferecidos frequentemente às crianças. Por isso a importância de analisar o rótulo dos produtos antes de comprá-los, a fim de identificar ingredientes utilizados que se recomenda evitar.

ADOÇANTES ARTIFICIAIS

Existem vários tipos de adoçantes artificiais, como, por exemplo, aspartame, ciclamato de sódio, acessulfame de potássio e sacarina sódica. Esses adoçantes podem estar presentes em diversos produtos alimentícios, como gelatinas, sucos, bolos etc.

Segundo o Instituto de Medicina – IOM (2007), ainda não necessárias pesquisas sobre a eficácia e a segurança dos edulcorantes artificiais durante longo período de consumo por crianças ou adolescentes [7]. Por isso, os alimentos que contém qualquer tipo de adoçante artificial devem ser evitados por crianças.

MEL

O mel não deve ser oferecido para criança menor de um ano, devido ao risco de contaminação com esporos de Clostridium botulinum, que, quando germinam, dão origem a células vegetativas que produzem uma toxina que pode ser letal a crianças nessa faixa etária [5].

Recomenda-se que até os dois anos não seja utilizado açúcar ou qualquer outro alimento para realçar o sabor doce na alimentação da criança, incluindo o mel. Por isso, apesar de crianças de um ano já terem condições imunológicas de combater os esporos de Clostridium botulinum, o mel poderá ser oferecido, preferencialmente, a partir dos dois anos de idade.

GORDURA TRANS

A gordura trans é utilizada pela indústria para aumentar o prazo de validade de produtos, por promover maior estabilidade durante frituras e por melhorar a crocância e a palatabilidade de alimentos. Ela é responsável pelo aumento da lipoproteína de baixa densidade – LDL-colesterol ("colesterol ruim") e redução da lipoproteína de alta densidade – HDL-colesterol ("colesterol bom") no nosso organismo, contribuindo para incidência de doenças coronarianas [6].

As crianças (e até mesmo os adultos) devem evitar alimentos ricos em gordura trans, como, por exemplo, biscoito de maisena, biscoito recheado, biscoito água e sal, macarrão instantâneo, bolos industrializados, sorvete e tantos outros.

Para saber se algum alimento industrializado possui gordura trans em sua composição, basta observar o rótulo. Caso nos ingredientes do produto contenha gordura vegetal hidrogenada (gordura trans), evite a compra.

LEITE DE VACA

O leite de vaca, como substituto do leite materno, não deve ser oferecido ao bebê pela inadequação de macronutrientes (excesso de proteína) e predisposição a carência de micronutrientes (como ferro e zinco, por exemplo).

O bebê deve tomar leite materno até os dois anos de idade. No entanto, caso não seja possível, o médico ou o nutricionista deverá ser consultado, para prescrição da fórmula infantil adequada à idade e à condição nutricional.

SUCOS E ÁGUA DE COCO

O suco não deve ser oferecido para a criança até o primeiro ano de vida. Isso porque contém, em sua composição, alta quantidade de frutose (açúcar da fruta) e baixíssima quantidade de fibras.

O consumo excessivo de sucos, ainda que naturais, pode trazer vários prejuízos para o bebê, como contribuição para o desmame precoce, aumento do surgimento de cáries, aumento de risco de subnutrição e aumento do risco de obesidade. Por isso, a melhor opção é oferecer a fruta, no lugar de sucos, pois ela contém fibras e evita-se a ingestão excessiva de frutose.

A partir do sexto mês de vida, quando deve ser iniciada a introdução da alimentação complementar, é necessário também oferecer água para o bebê nos intervalos das refeições e mamadas. Porém, é difícil que o bebê aceite bem logo de início. Logo, é natural que ele tenha dificuldade em aceitar. Nessas horas, muitos pais, no desespero para que o filho tome água, acabam trocando-a por água de coco, para facilitar a ingestão, em razão do sabor.

Não é recomendada essa prática, pois a água de coco possui muitos eletrólitos, em especial potássio e sódio. Por isso, suco (mesmo que da fruta) e água de coco só devem ser oferecidos a partir de 1 ano de idade e em quantidade reduzida. [8]

Conclui-se que, especialmente nos primeiros anos de vida da criança, alimentos como açúcar, café, enlatados, embutidos (salsicha, linguiça, presunto, peito de peru etc.), frituras, refrigerantes, biscoitos recheados, bem como outros alimentos ricos em açúcar, gordura e corantes devem ser evitados [3,4].

Além disso, conforme já explicado nos capítulos anteriores, o alimento ao qual a criança apresente reação alérgica deve ser retirado completamente da dieta do bebê e da mãe, caso seja amamentado.

REFERÊNCIAS

1. BRASIL. Ministério da Saúde. Secretaria de Atenção à Saúde. Departamento de Atenção Básica. *Guia alimentar para a população brasileira*. 2. ed., 1. reimpr. Brasília-DF: Ministério da Saúde, 2014. 156 p. il.

2. _____._____. Secretaria de Atenção à Saúde. Departamento de Atenção Básica. *Saúde da criança*: nutrição infantil: aleitamento materno e alimentação complementar. Série A. Normas e Manuais Técnicos. Caderno de Atenção Básica n. 23. Brasília-DF, 2009.

3. _____._____. *Dez passos para uma alimentação saudável*: guia alimentar para crianças menores de dois anos. Brasília-DF: Ministério da Saúde; Organização Pan-Americana de Saúde, 2002a.

4. _____._____. *Guia alimentar para crianças menores de dois anos*. Brasília-DF: Ministério da Saúde; Organização Pan-Americana de Saúde, 2002b.

5. GERMANO, P. M. L.; GERMANO, M. L. S. *Higiene e vigilância sanitária de alimentos*. São Paulo: Manole. 2008. 986 p.6.

6. SCHERR, C.; RIBEIRO, J. P. O que o cardiologista precisa saber sobre gorduras trans. *Arq. Bras. Cardiol,* v. 90, n.1, São Paulo, Jan. 2008.

7. SYLVETSK, A; ROTHER, K. I.; BROWN, R. Artificial sweetener use among children: epidemiology, recommendations, metabolic outcomes, and future directions. *Pediatr Clin North Am,* 2011 December; 58(6): 1467-1480.

8. Sociedade Brasileira de Pediatria. *Manual de orientação para alimentação do lactente, do pré-escolar, do escolar, do adolescente e na escola*. São Paulo: SBP, 2012.

A importância da leitura dos rótulos . **07**

Observa-se que hoje o consumo de produtos industrializados está cada vez mais enraizado no cotidiano de adultos e crianças não só no Brasil, como no mundo. Isso porque o estilo de vida adotado por muitos é incompatível com o hábito de preparar as refeições em casa ou mesmo o planejamento delas.

Contudo, é muito importante ressaltar que a análise dos rótulos dos produtos alimentícios é essencial para a decisão de compra dos consumidores, em especial pais e/ou responsáveis por crianças alérgicas, pois a partir da interpretação das informações contidas no rótulo é possível verificar se o produto possui ou não ingredientes alergênicos que possam fazer mal à criança.

Quanto menos produtos industrializados as crianças consumirem, melhor. Porém, entendemos que às vezes não é possível o consumo apenas de alimentos in natura e, muitas vezes, os industrializados se mostram opções mais práticas para o dia a dia. Por isso, caso seja necessário oferecer à criança algum alimento industrializado, é importante que os pais estejam preparados para fazer a melhor escolha.

O QUE DEVE SER OBSERVADO NO RÓTULO?

Em primeiro lugar, ao observar o rótulo de um produto, é imprescindível a avaliação da lista de ingredientes. A identificação de componentes alergênicos só é possível por meio de uma leitura atenta. Lembre-se de que os ingredientes do produto são colocados em ordem decrescente, ou seja, o primeiro item da lista é o que está presente no produto em maior quantidade e o último é o que está presente em menor [1]. Dessa forma, pode-se verificar a qualidade do produto a partir de sua composição.

Por exemplo, o que você pensaria de um pão intitulado pelo fabricante como "integral" que tenha como primeiro ingrediente farinha de trigo branca? Imaginamos que ficaria surpreso, uma vez que isso significaria que no produto há mais farinha branca do que farinha integral ou qualquer outro ingrediente. Infelizmente essa situação ocorre com bastante frequência, e essa também é uma das razões que nos levam a orientar todos, independentemente de alergias, que verifiquem sempre o rótulo dos produtos antes da compra, a fim de garantir a qualidade do alimento a ser consumido.

Além disso, a partir da lista de ingredientes é possível identificar alimentos que, teoricamente, não deveriam conter determinado ingrediente, e contém. Ao comprar um presunto, por exemplo, em geral não se imagina que derivados do leite ou soja estejam entre seus ingredientes. No entanto, muitas vezes isso acontece, sim! Por isso, todo cuidado é pouco ao observar o rótulo dos produtos.

Outra situação comum é um determinado tipo de alimento ter contaminação cruzada com outro, como é o caso da aveia e do trigo.

Diferentemente do trigo, a aveia não contém glúten em sua composição. Porém, por ser cultivada, normalmente, no mesmo solo que o trigo ou serem processados nos mesmos equipamentos, há contaminação cruzada, levando a aveia a ter uma carga de glúten.

Em razão disso, os fabricantes desse produto devem obrigatoriamente incluir no rótulo a informação de que há contaminação cruzada com o trigo, de forma a alertar os consumidores que tenham alergia ao trigo ou sejam celíacos.

Em 2015 foi aprovada, pela Anvisa, a Resolução nº 26/2015, que trata dos requisitos para rotulagem obrigatória dos principais alimentos que causam alergias alimentares.

Segundo a resolução referida, os rótulos deverão informar a existência de 17 (dezessete) alimentos: trigo (centeio, cevada, aveia e suas estirpes hibridizadas); crustáceos; ovos; peixes; amendoim; soja; leite de todos os mamíferos; amêndoa; avelã; castanha de caju; castanha-do-pará ; macadâmia; nozes; pecã; pistaches; *pinoli* ; castanhas; além de látex natural.

A partir dessa Resolução da Diretoria Colegiada – RDC, os derivados desses produtos obrigatoriamente devem trazer informações como, por exemplo: "Alérgicos: Contém trigo", "Alérgicos: Contém derivados de soja" ou "Alérgicos: Contém leite e derivados".

Quando determinado produto não garantir a ausência de contaminação cruzada do alimento, no rótulo deve constar uma ou outra das seguintes declarações, conforme o caso, por exemplo: "Alérgicos: Pode conter castanhas" ou "Alérgicos: Pode conter derivados de leite".

Figura 2 – Rótulo de alimento para alérgico.

A contaminação cruzada é algo muito sério, e isso só reforça a obrigatoriedade em ler minunciosamente o rótulo antes de comprar um produto que será oferecido para uma criança alérgica.

Muitos pais, mães e até mesmos profissionais de saúde têm o hábito de repassar, uns aos outros, marcas de produtos que são permitidos para consumo de terminados indivíduos alérgicos. Porém, tal prática não os exime da responsabilidade de verificar o rótulo do produto no momento da compra, pois a composição depende muito do fabricante e o produto pode ter os ingredientes alterados. Por isso, mesmo sendo indicação de alguém de confiança, confira o rótulo antes de comprar o produto.

Além disso, antes de ir ao supermercado, tenha sempre em mãos os nomes dos ingredientes que não devem estar presentes no produto, conforme alergia apresentada pela criança.

Abaixo estão apresentadas tabelas com os alimentos e os ingredientes que podem conter elementos alergênicos alérgenos alimentares em sua composição, os quais, portanto, devem ser evitados na alimentação da criança ou da mãe que amamenta, conforme reação alérgica apresentada pelo bebê.

Tabela 3 – Alimentos normalmente preparados com leite ou que podem conter leite na composição.

PREPARAÇÕES	ALIMENTOS INDUSTRIALIZADOS
• Pudim, *flan*, mingau	• Embutidos e frios
• Purê e suflê	• Sopas prontas
• Bolos recheados	• Massas congeladas
• Tortas, pães e massas	• Biscoitos e bolachas
• Salgados	• Chocolate e achocolatado
• Doces de caramelo e/ou com cremes	• *Nougat* (*torrone*)
• Doces com chocolate	• Bolos prontos
• *Pizza*	• Sorvetes
• Preparações gratinadas	• Alguns temperos prontos
• Legumes *souté*	

Fonte: *Guia do bebê e da criança com alergia ao leite de vaca* (PINOTTI, 2013).

Tabela 4 – Alimentos e ingredientes que devem ser evitados em uma dieta isenta de leite.

ALIMENTOS	INGREDIENTES
• Leite de vaca (todos os tipos: integral, desnatado, semidesnatado, evaporado, reconstituído, fermentado, condensado, em pó, fluido, desidratado, maltado, sem lactose) • Queijo • Leite e queijo de cabra, de ovelha e de búfala • Iogurte, coalhada • Petit suisse • Bebida láctea • Creme de leite • Nata, coalho, creme azedo • Soro do leite (whey protein) • Manteiga • Margarina que contenha leite • Ghee (manteiga clarificada) • Requeijão, cream cheese • Molho branco • Doce de leite, chantili, cremes doces, pudim	• Caseína • Caseinato (todos os tipos de amônio, cálcio, magnésio, potássio ou sódio) • Lactose • Lactoglobulina, lactoalbumina, lactoferrina • Gordura de manteiga, óleo de manteiga, éster de manteiga • Gordura anidra de leite • Lactato • Soro do leite, whey protein Fermento lácteo • Cultura inicial de ácido lático fermentado em leite ou soro de leite • Composto lácteo, mistura láctea Proteína láctea do soro do leite microparticulada • Diacetil (normalmente usado em cerveja ou pipoca amanteigada)

Fonte: <www.alergiaaoleitedevaca.com.br>.

Alguns aditivos alimentares também podem conter traços de leite. Por isso, fique atento à presença dos seguintes aditivos: corante, aroma ou sabor natural de manteiga, margarina, leite, caramelo, creme de coco, creme de baunilha, iogurte, doce de leite e de outros derivados de leite [2].

Tabela 5 - Alimentos que devem ser evitados em uma dieta isenta de trigo.

ALIMENTOS QUE CONTÊM TRIGO	ALIMENTOS QUE CONTÊM OU ESTÃO CONTAMINADOS COM GLÚTEN
• Farinha de trigo • Flocos de trigo • Farelo de trigo • Germe de trigo • Trigo-sarraceno • Bagos integrais de trigo • Quibe • Pão de trigo • Farinha de pão (farinha de rosca) • Pudim de pão • Macarrão • Pães • Massas • Glúten de trigo • Farinha de cereais • Engrossantes com farinha de trigo • Cuscuz • Extrato de cereais • Molho branco preparado com farinha de trigo • Molhos industrializados	• Semolina • Aveia, farelo e farinha de aveia • Cevada • Centeio • Malte • Bebidas maltadas • Cereais maltados

Fonte: <www.alergiaaoleitedevaca.com.br>.

Tabela 6 – Alimentos e ingredientes que devem ser evitados em uma dieta isenta de ovo.

ALIMENTOS E INGREDIENTES	
• Clara de ovos • Gema de ovos • Albumina • Suspiro • Marshmallow • Maionese • Merengue • Macarrão com ovos • Quindim	• Alimentos preparados com ovos • Molho holandês • Ovo em pó • Ovalbumina • Ovoglicoproteína • Ovomucina flavoproteína • Globulina • Lisozima

Fonte: <www.alergiaaoleitedevaca.com.br>.

Tabela 7 – Alimentos e ingredientes que devem ser evitados em uma dieta isenta de soja.

ALIMENTOS E INGREDIENTES	
• Bebida de soro de soja	• Molho de soja (shoyo)
• Brotos de soja	• Pasta de soja fermentada
• Coalhos de soja	• Proteína texturizada de soja
• Concentrados de proteína de soja	• Proteína vegetal texturizada
• Farinha de soja	• Semente de soja
• Feijões de soja	• Shakes de proteína de soja
• Granulado de soja	• Sufu
• Hidrolisado de soja	• Tao-cho
• Isolados de proteína de soja	• Tao-si
• Leite de soja	• Taotjo
• Missô	• Tempeh
• Natto	• Tofu

Fonte: <www.alergiaaoleitedevaca.com.br>.

REFERÊNCIAS

1. AGÊNCIA NACIONAL DE VIGILÂNCIA SANITÁRIA / UNIVERSIDADE DE BRASÍLIA. *Rotulagem nutricional obrigatória:* manual de orientação aos consumidores. Brasília: Ministério da Saúde, Agência Nacional de Vigilância Sanitária; Universidade de Brasília , 2005. 17p.

2. DIETA isenta de proteína do leite. Disponível em: *<www.alergiaaoleitedevaca.com.br>*. Acesso: 16 out. 2017.

3. PINOTTI, Renata. *Guia do bebê e da criança com alergia ao leite de vaca*. 1. ed. Rio de Janeiro: AC Farmacêutica, 2013.

Utensílios, equipamentos e contaminação cruzada . 08

Tão importante quanto escolher os alimentos certos para a introdução da alimentação complementar é escolher utensílios adequados para o preparo das refeições do bebê, principalmente quando se trata de crianças alérgicas.

COMO EVITAR A CONTAMINAÇÃO CRUZADA?

Contaminação cruzada é a transferência de traços ou partículas de um alimento para outro de forma direta ou indireta. Por exemplo: você preparou duas refeições em panelas diferentes, uma com leite e outra sem, porém, mexeu as duas preparações com a mesma colher. Essa colher transferiu traços de leite para a refeição que não continha leite. Assim, caso essa refeição seja oferecida a um bebê alérgico, poderá desencadear reação na criança.

Por isso, é muito importante que a família tome os cuidados necessários para evitar a contaminação cruzada.

Um dos cuidados necessários é não preparar, no mesmo momento, refeições que contenham algum alimento que a criança possa apresentar reação. Também é imprescindível não utilizar colheres para mexer ou servir alimentos diferentes. Separe uma colher para cada preparação [2].

Considerando que as panelas utilizadas pela família podem ter sido utilizadas para cozinhar várias preparações diferentes, é comum haver algum traço de alimentos ou substâncias que podem gerar reação alérgica no bebê, dependendo do material da panela utilizada. Por isso, para eliminar o risco de contaminação cruzada, recomendamos a aquisição de panelas novas, que deverão ser utilizadas exclusivamente no preparo das refeições da criança.

Sempre que for possível, a aquisição de novos utensílios é uma boa opção. Porém, sabendo da dificuldade de muitas famílias em realizar tais aquisições, caso não seja possível a compra, é importante higienizá-los muito bem e dar preferência para materiais com baixa propensão à retenção de partículas. O plástico deve ser evitado, uma vez que tende a reter partículas do alimento, principalmente com o desgaste do tempo de uso. Além disso, esse material muitas vezes contém substâncias que fazem mal ao nosso organismo e ao do bebê, como o bisfenol A (BPA).

Prefira sempre utensílios de vidro. Esse é o material mais adequado para armazenamento, pois não permite que resíduos do alimento penetrem no material, evitando assim a contaminação cruzada.

Em relação à higienização, orientamos que sejam utilizadas esponjas específicas para lavar os utensílios e equipamentos que serão usados para preparar as refeições do bebê.

Adicionalmente, é importantíssimo verificar não só os alimentos consumidos pela criança, mas também os cremes, sabonete e pomadas de uso tópico, uma vez que é comum verificar ingredientes alergênicos, como derivados do leite, por exemplo, em sua composição [3]. Por isso, verifique cuidadosamente os ingredientes de tudo que possa entrar em contato com a pele e mucosas do bebê.

A PANELA IDEAL

Existem panelas de vários tipos e materiais, porém nem todas podem ser usadas para o preparo de alimentos, principalmente para o preparo de refeições para o bebê. Por isso, além da preocupação com a contaminação cruzada, também é imprescindível escolher as panelas de acordo com o material que as compõem, afinal, muitos utensílios são feitos a partir de metais que podem causar malefícios à saúde da criança.

As panelas de alumínio, por exemplo, não devem ser utilizadas, nem mesmo pelos adultos, pois o alumínio da panela migra para o alimento, e estudos sugerem que a ingestão desse metal em excesso está associada com doenças de Parkinson e Alzheimer [1].

Panelas de Ferro foram por muito tempo indicadas para crianças, por liberar esse mineral no alimento e ajudar a suprir as necessidades desse micronutriente. Contudo, considerando que não é possível quantificar o ferro liberado para o alimento, não indicamos o seu uso diário, pois pode haver intoxicação do bebê se o ferro for liberado em excesso.

As panelas mais indicadas para preparo de alimentos são as panelas de vidro, cerâmica ou aço inoxidável, que são mais seguras, tendo em vista a baixa migração de metais para o alimento.

REFERÊNCIAS

1. CAMPBELL, A. The potencial role of aluminum in Alzhemer's disease 2003 Fev; 5(1):31-8.
2. PINOTTI, Renata. Guia do bebê e da criança com alergia ao leite de vaca. 1 ed. Rio de Janeiro: AC Farmacêutica, 2013.
3. SOLÉ, D. et al. Consenso Brasileiro sobre Alergia Alimentar: 2007. Revista Médica de Minas Gerais, 2008; 18(1 Supl 1): S1-S44.

> **Liane Carvalho, mãe do Cauã (2 anos e 11 meses), que teve diagnóstico de APLV:**
>
> *Me chamo Liane Carvalho sou mãe do Cauã que hoje está com 3 anos. Cauã foi diagnosticado com APLV aos 3 meses de vida após ter sangramento pelas fezes. até 1 no de idade a dieta foi super restrita, foi introduzido leite/complemento especial (Pregomin Pepti).*
>
> *Na consulta de 1 no de idade foi constatado que a alergia tinha sido "curada", logo Cauã até os 2 anos de idade se deliciou com os "prazeres" que só o leite dá, iogurtes, pães, chocolates, doces....*
> *Mas Cauã aos 2 anos e 2 meses de vida começou a ter tosses, nariz escorrendo o tempo todo e crises de mês em mês de bronquite/ asma, tendo que tomar antibióticos todo mês, usar bombinhas etc... Para meu desespero foi detectado que Cauã voltou a ter APLV.*
> *Assim tive que tirar novamente toda comida/bebida que continha leite. Me vi numa situação muito dramática pois, como que após toda descoberta de alimentos com leite eu tiraria de uma hora para outra os alimentos que ele mais gostava, como levar ele para as festinhas de criança e dizer que ele não podia comer o brigadeiro que tanto amava!*
> *Foi muito difícil mais consegui resolver a situação, com o tempo descobri lojas e receitas que atendiam o público de alérgicos, ele aceitou o leite vegetal e hoje estamos conseguindo viver de uma forma restrita, sem doenças respiratórias e não mais sofredora!*
> *Mais ainda tenho fé em deus que Cauã não terá mais a alergia e que ele poderá ser livre nas escolhas de alimentação dele!*

Alimentação complementar: como introduzir? . 09

Sempre surgem muitas dúvidas quanto ao início da alimentação complementar do bebê alérgico. Quais alimentos devem ser oferecidos primeiro? Como devo oferecê-los? E se ele apresentar alergia a algum outro alimento?

Primeiramente, os pais e cuidadores devem manter a calma, para que essa fase seja atravessada da forma mais tranquila possível. A ansiedade dos pais nesse momento pode atrapalhar a evolução da introdução dos alimentos. A criança precisa se sentir segura.

A introdução da alimentação complementar em crianças alérgicas segue basicamente os mesmos princípios observados para crianças não alérgicas, porém, algumas particularidades devem ser esclarecidas.

QUANDO COMEÇAR?

Segundo a Organização Mundial da Saúde – OMS, a alimentação complementar deve se iniciar aos seis meses de vida e o aleitamento materno deve ser mantido, no mínimo, até os dois anos de idade[1]. Para o bebê alérgico, essa recomendação não é diferente. A introdução precoce dos alimentos sólidos aumenta o risco de aparecimento de alergias alimentares[11] e a introdução tardia também [11, 12].

POR QUE AOS SEIS MESES?

Com seis meses a criança desenvolve melhor os reflexos de deglutição e lingual. Também manifesta excitação à visão do alimento e já é observada a sustentação de cabeça, facilitando oferecer os alimentos sem que o bebê tenha que ficar em posição inclinada [11].

Outra questão importante é o paladar. Com essa idade, a criança desenvolve melhor o paladar e tem enzimas digestivas em quantidades suficientes. Momento ideal para iniciar a alimentação complementar [11].

Por fim, outro motivo também muito importante é que, a partir dessa idade, a necessidade calórica e de ferro do bebê aumenta, e o leite materno já não consegue suprir essa demanda totalmente, sendo importante a complementação do leite com os alimentos sólidos [11].

Aos seis meses o bebê tem uma necessidade diária de 0,27 mg de ferro, já aos sete meses a criança tem necessidade em torno de 11 mg por dia [5]. Por isso, a maioria dos pediatras prescreve suplemento de ferro próximo aos seis meses para crianças que estão em aleitamento materno exclusivo. Já para crianças que tomam fórmula infantil, muitas vezes essa suplementação não é necessária, pois ela é enriquecida com ferro. Porém, o pediatra ou o nutricionista deve analisar caso a caso.

A INTRODUÇÃO PRECOCE DOS ALIMENTOS

De acordo com a literatura científica atual, a introdução de alimentos complementares antes dos quatro meses não é recomendada, pois isso contribui para a redução progressiva da produção do aleitamento materno [10], favorecendo o desmame precoce [11]. Crianças que começam a se alimentar com alimentos sólidos mais cedo perdem os benefícios comprovados da amamentação exclusiva até os seis meses, havendo redução do fornecimento de alguns nutrientes importantes presentes no leite materno.

A introdução precoce também pode impactar negativamente o crescimento e o desenvolvimento da criança, além de expor o bebê a maior risco de desenvolvimento de doenças alérgicas, infecciosas, dentárias, cardiovasculares e obesidade [11, 15, 10].

Também é importante ressaltar que não há evidências de benefícios em realizar a introdução precoce de alimentos visando à prevenção de alergia alimentar [13].

A INTRODUÇÃO TARDIA DOS ALIMENTOS

É fundamental ressaltar que, assim como a introdução dos alimentos não deve ser precoce, a introdução tardia também não é recomendada.

Diferentemente do que muitos pais acreditam, não há nenhum estudo, até o momento, comprovando que adiar a introdução dos alimentos é benéfico à criança em relação à redução de chances de alergia alimentar [15, 10, 4]. Pelo contrário, estudos mostram que a introdução tardia de alimentos considerados alergênicos, como o ovo e o peixe, por exemplo, aumenta as chances de alergia alimentar na criança.

Além disso, crianças que iniciam a alimentação complementar após os sete meses de idade estão sujeitas a maior risco de carência em alguns nutrientes, como ferro e zinco, minerais importantes para o crescimento e o desenvolvimento cognitivo do bebê [10].

Portanto, ressaltamos que a introdução dos alimentos sólidos deve ser feita aos seis meses de idade, mantendo o aleitamento materno no mínimo até os dois anos de vida da criança [1].

AS PRIMEIRAS REFEIÇÕES

Recomendamos iniciar a introdução alimentar pela refeição principal, a fim de facilitar a aceitação da criança ao paladar salgado. O paladar humano é, naturalmente, mais voltado para o sabor doce, ou seja, a criança já nasce sendo mais propensa a gostar de alimentos adocicados. Isso é acentuado após o nascimento, uma vez que a criança até os seis meses tem contato apenas com o leite materno, que também é adocicado, por causa da lactose na sua composição.

Por isso, para contribuir com que a criança não tenha rejeição futura ao gosto salgado, sugerimos oferecer a refeição principal primeiro e depois de alguns dias, conforme a evolução e aceitação da criança, oferecer a fruta. Contudo, isso não é uma regra, há profissionais que têm como prática recomendar a oferta da fruta primeiro.

O pratinho do bebê, quando completo, deverá conter alimentos representantes dos grupos dos tubérculos, legumes, verduras, cereais, leguminosas e proteínas.

Antes de iniciar o passo a passo para introdução dos alimentos, algumas definições são importantes [11]:

Legumes são vegetais cuja parte comestível não são folhas [11]. Por exemplo: abóbora, abobrinha, cenoura, chuchu e berinjela.

Verduras são vegetais cuja parte comestível são as folhas [11]. Por exemplo: agrião, couve, alface, rúcula e espinafre.

Tubérculos são caules curtos e grossos, ricos em carboidratos [11]. Por exemplo: batata inglesa, batata doce, inhame, cará e mandioca (macaxeira ou aipim).

Cereais são sementes ou grãos comestíveis das gramíneas [11]. Por exemplo: trigo, arroz, milho, aveia, cevada e centeio.

Leguminosas são grãos contidos em vagens. Por exemplo: feijão, grão-de--bico, lentilha, ervilha.

Na introdução dos alimentos sólidos para crianças com reações imediatas, aquelas mediadas por IgE podem receber um alimento novo a cada dia. Porém aquelas crianças com reações tardias ou mistas devem receber novos alimentos em um intervalo de quatro a sete dias, conforme orientação médica e nutricional [6].

No caso de crianças com reações mediadas por IgE, recomendamos a introdução da seguinte forma:

Considerando que alergias a vegetais são mais incomuns, orientamos, no primeiro dia de introdução, oferecer um vegetal ao bebê, podendo ser um tubérculo, um legume ou uma verdura. Por exemplo, a batata inglesa cozida (tubérculo). Apresente o alimento escolhido ao bebê e veja se foi bem tolerado (imagem 01).

No outro dia, caso o alimento tenha sido bem tolerado, escolha outro vegetal para compor o pratinho, por exemplo, abóbora (legume). Apresente o alimento ao bebê juntamente com o alimento apresentado anteriormente (batata inglesa, no nosso exemplo anterior, imagem 02).

Da mesma forma, no outro dia, inclua no pratinho outro vegetal e apresente ao bebê, por exemplo, a couve (verdura), sempre mantendo aqueles alimentos já conhecidos pela criança (abóbora e batata inglesa, por exemplo, imagem 03).

A partir daí, aos poucos, você poderá alterar o cardápio do bebê, trocando uma verdura e mantendo as outras já experimentadas pela criança. Ao mudar apenas um item do cardápio por vez, isso facilitará a identificação de alergia a determinado alimento, caso venha a ocorrer.

Lembre-se de que o pratinho do bebê deve ter um alimento de cada grupo. Evite, por exemplo, incluir dois tubérculos no mesmo dia. Além disso, é importante variar a coloração dos vegetais que compõem o pratinho, de forma que o bebê receba a maior variedade de micronutrientes.

Após o teste com os vegetais, é hora de apresentar à criança as proteínas, sempre cozidas. Como elas são potencialmente mais alergênicas, orientamos introduzir uma de cada vez, a cada três a sete dias. Iniciar pelo frango, uma das proteínas menos alergênicas, é uma boa opção. Depois, aos poucos, ofereça a carne bovina, em seguida o peixe, o ovo e a carne suína. Lembrando que os vegetais (legume, verdura e tubérculo) já testados deverão continuar no cardápio da criança (imagem 04).

Muitas vezes os pais, cuidadores e até profissionais de saúde se mostram receosos em oferecer a carne bovina para crianças alérgicas à proteína do leite de vaca, por causa de reação cruzada. Porém, é importante ressaltar que a possibilidade de reação cruzada entre o leite de vaca e a carne bovina é menor do que 10% [7]. Por isso, não há necessidade em restringi-la da alimentação da criança, a não ser que haja a certeza da piora dos sintomas na criança após a introdução [3].

Posteriormente, poderão ser incluídos na alimentação da criança as leguminosas e os cereais, completando, assim, o pratinho dela (imagem 05).

Seguindo essa sequência, ao final da terceira semana o bebê já estará comendo uma refeição principal completa, que deve conter um tubérculo, uma verdura, um legume, uma proteína, uma leguminosa e um cereal.

1 - Tubérculo
2 - Legume
3 - Verdura
4 - Proteína
5 - Leguminosa
6 - Cereal

Quando a criança completar sete meses, ou seja, após um mês do início da introdução da alimentação complementar, o jantar poderá ser oferecido.

Tabela 8 – Composição do cardápio da criança de seis meses a um ano de idade.

REFEIÇÃO	ALIMENTO
Lanche da Manhã	Fruta
Almoço	Cereal, tubérculo, legume, verdura, leguminosa, proteína e azeite de oliva
Lanche da tarde	Fruta
Jantar	Cereal, tubérculo, legume, verdura, leguminosa, proteína e azeite de oliva
Durante o dia	Leite materno, em livre demanda, cuidando para não oferecer muito próximo às refeições principais.

Adaptado: Ministério da Saúde.

É importante acrescentar azeite de oliva extra virgem por cima da comida do bebê. O azeite é uma gordura monoinsaturada de boa qualidade, que auxiliará inclusive no funcionamento do intestino da criança. Além disso, a água deve ser oferecida nos intervalos das refeições.

Na tabela abaixo, mostramos esquema de introdução da alimentação complementar segundo a Sociedade Brasileira de Pediatria.

Tabela 9 – Esquema de introdução dos alimentos complementares.

FAIXA ETÁRIA	TIPO DE ALIMENTO
Até 6° mês	Leite materno exclusivo
6° mês a 24° mês	Leite materno complementário
6° Mês	Frutas (amassadas ou raspadas)
6° Mês	Primeira papa principal de misturas múltiplas
7° a 8° mês	Segunda papa principal de misturas múltiplas
9° a 11° mês	Gradativamente, passar para a refeição da família com ajuste da consistência
12° mês	Comida da família - observando a adequação dos alimentos

Fonte: Sociedade Brasileira de Pediatria (2018).

Conforme orientação da Sociedade Brasileira de Pediatria – SBP, as frutas também devem ser introduzidas aos seis meses de idade. Orientamos oferecer ao bebê uma fruta por vez, da mesma forma que os outros alimentos, iniciando a oferta a partir da segunda semana de introdução alimentar. Escolha frutas menos alergênicas para o início da introdução, como, por exemplo, mamão, abacate, manga, pera, maçã.

É muito importante a realização de diário alimentar nesse período. Anote tudo o que o bebê comer, assim, caso ele apresente alergia, fica mais fácil descobrir o alimento que causou a reação. Verifique nos anexos deste livro modelo de diário alimentar.

No caso de crianças com reação tardia ou mista, orientamos que a introdução siga o exemplo dado acima, porém, com um intervalo maior entre a exposição de um alimento para outro (quatro a sete dias).

COMO OFERECER AS FRUTAS?

Como já dito, em virtude de o paladar da criança ser mais propenso ao sabor doce, recomendamos que a introdução alimentar seja iniciada com a refeição principal, e não com as frutas.

Contudo, isso não quer dizer que as frutas não devam ser oferecidas aos seis meses de idade. As frutas devem compor o cardápio do bebê logo nas primeiras semanas. Recomendamos iniciar a introdução das frutas na segunda semana de introdução de alimentos sólidos. Comece oferecendo uma vez ao dia; e, na semana seguinte, duas vezes ao dia, ou seja, lanche da manhã e lanche da tarde.

Segundo a Sociedade Brasileira de Pediatria, qualquer fruta pode ser oferecida à criança a partir dos seis meses de vida, exceto carambola, nos casos de insuficiência renal [12] . Contudo, considerando que a alergia a algumas frutas é comumente verificada, é importante que a criança seja observada sempre após o consumo da fruta, em especial nos casos de banana, abacaxi, kiwi, pêssego e morango.

As frutas cozidas podem ser boas opções para crianças alérgicas a múltiplos alimentos, uma vez que o cozimento pode contribuir para a redução da alergenicidade das frutas. Além disso, crianças com refluxo também podem se beneficiar das frutas cozidas, pois o cozimento também ajuda a reduzir a acidez . Por isso, as frutas cozidas, como maçã, banana e pera, por exemplo, são consideradas boas opções para o início da introdução à alimentação complementar.

Durante a introdução alimentar, os bebês tendem a apresentar intestino preso. Por essa razão, o bebê deve consumir, além de frutas laxantes, quantidades adequadas de água.

O importante é sempre variar as frutas entre uma laxante e uma constipante, para que o intestino do bebê funcione de forma correta. E quando o bebê começar a consumir frutas pela manhã e pela tarde, alternar entre esses dois grupos de frutas: se pela manhã ofereceu uma fruta laxante, à tarde será melhor ofertar uma constipante, e vice-versa.

Sempre oferte a fruta, não a substitua por sucos, pois as fibras presentes nas frutas, entre outras funções, auxiliam na regulação do funcionamento intestinal. Os sucos só devem ser introduzidos na alimentação do bebê a partir de um ano de vida, e com moderação.

Segue relação de frutas laxantes e constipantes:

Tabela 10 – Relação de frutas laxantes e constipantes.

FRUTAS CONSTIPANTES	FRUTAS LAXATIVAS	
Pêssego	Morango	Kiwi
Pera	Abacate	Laranja
Banana	Melão	Melancia
Maçã	Mamão	Acerola
Goiaba	Manga	Caqui
Caju	Uva	Amora
Jabuticaba	Ameixa	Maracujá
Nectarina	Abacaxi	Figo
	Tangerina	Cereja

INTRODUÇÃO ALIMENTAR PELA ABORDAGEM *BABY-LED WEANING* (BLW)

O BLW, Baby-led Waning, significa "desmame guiado pelo bebê". Essa abordagem foi preconizada por Gill Rapley, enfermeira inglesa, e defende o empoderamento do bebê quanto à sua alimentação, permitindo que o próprio bebê guie seu processo de desmame, desenvolvendo habilidades relacionadas à alimentação de forma natural [8].

Pela abordagem do BLW devemos ofertar ao bebê pedaços de alimentos em tamanho e formato adequados para que ele possa segurá-los com as mãos. Então, além de, inicialmente, eliminar o uso de talheres, eliminaria também as refeições na consistência de purê.

Pelo BLW, ainda são os pais que apresentam o alimento à criança, ou seja, deixam os alimentos no formato e consistências adequados e ao alcance dela, mas é ela que decide o que comer, quanto comer e quão rápido comer.

Na prática, funciona da seguinte forma: higieniza-se a bancada do cadeirão do bebê, colocam-se os alimentos cozidos e picados no formato palito ou outro formato adequado e seguro, para facilitar que a criança segure o alimento e para que não cause engasgos. Deixa-se então que a criança escolha o que vai pegar e levar à sua boca, para comer.

Ainda são poucos os estudos feitos sobre como essa técnica afeta a dieta do bebê em detrimento do método tradicional. O que se sabe é que alguns artigos mostram que as mães que usam tal abordagem têm maior tendência a amamentar até os dois anos do bebê, possuem maior escolaridade e têm menores chances de voltar a trabalhar em menos de 12 meses após o parto. Muitos pais ainda afirmam que perceberam seus bebês mais saudáveis e mais felizes se alimentando pelo BLW [2].

É importante salientar que não existe "o melhor método" para introdução alimentar, uma vez que depende muito de cada criança a forma que aceitará consumir os alimentos. O que é realmente importante é que seu bebê seja alimentado com alimentos ricos em nutrientes, para garantir o crescimento e o desenvolvimento adequados para a idade.

Indicamos que, mesmo com a introdução à alimentação complementar pelo BLW, sejam seguidas as orientações apresentadas no Capítulo 10 sobre a introdução de alimentos alergênicos na alimentação do bebê, como o glúten, as castanhas, o leite e derivados, o ovo, o peixe, os frutos do mar e a soja . Isso porque ainda não temos estudos a respeito de alergia em crianças com a utilização do BLW. Logo, orientamos seguir as mesmas recomendações que fazemos para as crianças alimentadas por colher .

REFERÊNCIAS

1. BRASIL. Ministério da Saúde. Guia alimentar para crianças menores de dois anos. Brasília: Ministério da Saúde; Organização Pan-Americana de Saúde, 2002b.
2. CAMERON, S. L.; HEATH, A. L. M.; TAYLOR, R. W. Healthcare professionals' and mothers' knowledge of, attitudes to and experiences with, Baby-Led Weaning: a content analysis study. BMJ Open, 2012;2:e001542. doi:10.1136/bmjopen-2012-001542.
3. COCCO, R. R. et al. Abordagem laboratorial no diagnóstico da alergia alimentar. Rev Paul Pediatr, 2007;25(3):258-65.
4. ESPGHAN. Complementary Feeding: A Position Paper by the European Society for Paediatric Gastroenterology, Hepatology, and Nutrition (ESPGHAN) Committee on Nutrition. JPGN, v. 64, n. 1, Jan. 2017.
5. INSTITUTE OF MEDICINE. Dietary reference intakes for vitamin A, vitamin K, arsenic, boron, chromium, copper, iodine, iron, manganese, molybdenum, nickel, silicon, vanadium, and zinc. Washington (DC): National Academy Press, 2002.
6. LBERT, N. J. et al. (2017) Allergenic food introduction and risk of childhood atopic diseases. Plos One, 12(11): e0187999.
7. PINOTTI, Renata. Guia do bebê e da criança com alergia ao leite de vaca. 1. ed. Rio de Janeiro: AC Farmacêutica, 2013.
8. RAPLEY, G.; MURKETT, T. Baby-led Weaning – BLW: o desmame guiado pelo bebê. 1. ed. São Paulo: Timo, 2017.

9. RESTANI, P. et al. Cross reactivity between milk proteins from different animal species. Clin Exp Allergy, 1999;29: 997-1004.
10. SILVA, Ana Isabel. et al, Diversificação alimentar no primeiro ano de vida. Acta Med Port, 2011; 24(S4):1035-1040.
11. SOCIEDADE BRASILEIRA DE PEDIATRIA. Manual de orientação para alimentação do lactente, do pré-escolar, do escolar, do adolescente e na escola. São Paulo: SBP, 2012.
12. SOCIEDADE BRASILEIRA DE PEDIATRIA. Departamento Científico de Nutrologia. Manual de Alimentação: orientações para alimentação do lactente ao adolescente, na escola, na gestante, na prevenção de doenças e segurança alimentar. 4. ed. São Paulo: SBP, 2018.
13. SOLÉ, D. et al. Consenso Brasileiro sobre Alergia Alimentar: 2018 – Parte 1 – Etiopatogenia, clínica e diagnóstico. Documento conjunto elaborado pela Sociedade Brasileira de Pediatria e Associação Brasileira de Alergia e Imunologia. Arq Asma Alerg Imunol, 2018;2(1):7-38.
14. _____. et al. Consenso Brasileiro sobre Alergia Alimentar: 2007. Revista Médica de Minas Gerais, 2008; 18(1 Supl 1): S1-S44.
15. WU, T. C.; CHEN, P. H. Health consequences of nutrition in childhood and early infancy. Pediatr Neonatol, 2009; 50(4):135-42.

A introdução de alimentos alergênicos . 10

Sempre há dúvidas sobre a introdução de alimentos alergênicos em bebês que já manifestaram alergia alimentar. Antes de tudo, é importante ressaltar que não é indicado oferecer à criança alérgica aqueles alimentos já identificados como causadores da alergia. Por exemplo, se a criança já foi diagnosticada como alérgica ao ovo, então o ovo não deve ser incluído na alimentação da criança.

Contudo, não é recomendado retardar a introdução de alimentos alergênicos à criança alérgica, exceto aquele alimento ao qual a criança já apresentou reação. Não há estudos que comprovem que esse retardamento reduza as chances de alergia.

Além disso, estudo recente mostra que crianças que consumiram, na introdução da alimentação complementar, três alimentos alergênicos aos seis meses de idade tiveram uma diminuição do risco de alergia inalatória diagnosticada por médicos aos dez anos de idade. [9]

Segundo a Sociedade Brasileira de Pediatria, a introdução dos alimentos deverá ser a mais ampla possível e os alimentos alergênicos (exemplo: leite de vaca, ovo, soja, trigo, peixe e frutos do mar) devem ser oferecidos oportunamente, um por vez, a cada 3 a 5 dias, a partir do sexto mês de vida, com o objetivo de oportunizar ao bebê adquirir tolerância e reduzir o risco de alergenicidade [12].

É importante ressaltar que, caso o bebê já tenha alergia diagnosticada a algum alimento, este não deve ser oferecido.

De toda forma, o médico e o nutricionista deverão ser consultados antes da introdução de alimentos alergênicos na dieta da criança alérgica, para orientações individualizadas.

A INTRODUÇÃO DO OVO

Estudos mostram que o ovo deve ser introduzido na alimentação do bebê a partir dos seis meses de idade. As pesquisas mostram que a introdução do ovo aos nove meses aumenta a chance de desenvolver alergia à proteína do ovo em 1,5 vez. E se a introdução for feita após um ano de idade, a chance é três vezes maior do que se ocorresse aos seis meses [9]. Além disso, outro estudo revela que a introdução do ovo aos seis meses de idade diminui em 44% o risco de alergia ao ovo aos doze meses de idade [5].

Existem frações proteicas tanto na gema quanto na clara que podem desencadear alergia na criança. Então, a forma mais recomendada de se iniciar a introdução desse alimento é a seguinte:

1. Primeiro é feita a introdução de vegetais na alimentação do bebê; depois pode ser oferecida uma proteína menos alergênica, por exemplo, o frango.

2. Depois de alguns dias (quatro a sete dias), conforme orientação médica ou nutricional, introduza a gema e observe a criança.

3. Posteriormente, na outra semana, a clara pode ser introduzida. É importante, nessa fase, observar a criança, para saber se ela terá ou não reação ao alimento.

Caso ela não tenha nenhuma reação, o ovo poderá ser mantido no cardápio, sendo oferecido com a clara e a gema.

Caso o bebê já tenha alergia diagnosticada ao ovo, o alimento não deve ser oferecido.

A INTRODUÇÃO DO PEIXE

O peixe também deve ser introduzido aos seis meses de idade, mesmo em crianças com histórico familiar de reações alérgicas [9]. Estudos observaram menor risco de desenvolvimento de alergia ao alimento quanto introduzido aos seis meses. Demonstraram ainda que a introdução do peixe antes dos nove meses diminui o risco de dermatite.

Recomendamos, dessa forma, que seja introduzido o filé do peixe fresco cozido, tomando cuidado para não ter nenhuma espinha, evitando, assim, maiores riscos de engasgos.

Caso o bebê já tenha alergia diagnosticada ao peixe, o alimento não deve ser oferecido.

A INTRODUÇÃO DOS FRUTOS DO MAR

Estudos sugerem que os frutos do mar – como camarão, mexilhão, mariscos, enfim, todo tipo de crustáceos –, podem ser introduzidos, oportunamente, durante a infância, uma vez que a oferta tardia não tem relação com prevenção de alergia[11]. Contudo, é importante ressaltar que esses alimentos devem ser oferecidos em casa. Não deixe para oferecer os frutos do mar em uma viagem para a praia, por exemplo, pois se a criança tiver algum tipo de reação alérgica a busca por ajuda poderá ser mais difícil.

Caso o bebê já tenha alergia diagnosticada a algum tipo de frutos do mar, o alimento não deve ser oferecido.

A INTRODUÇÃO DAS OLEAGINOSAS

A introdução das oleaginosas, como amendoim, castanhas de caju, castanha-do-brasil – também conhecida como castanha-do-pará –, baru, amêndoas, nozes, avelã e outras também podem ser oferecidas, oportunamente, durante a infância[11]. As oleaginosas por apresentarem consistência mais dura, não devem ser oferecidas inteiras à criança devido ao risco de engasgo.

Não é recomendado oferecer o extrato de castanhas ("leite de castanhas") antes de um ano de idade, pois esse alimento apresenta concentrações inadequadas de macro e micronutrientes. Além disso, reforça-se que o leite materno deve ser oferecido para o bebê até dois anos de vida ou mais.

Reforçamos a importância da realização de acompanhamento médico e nutricional, a fim de se verificar a história clínica da criança, para prescrição individualizada.

Caso o bebê já tenha alergia diagnosticada às oleaginosas, o alimento não deve ser oferecido.

A INTRODUÇÃO DO GLÚTEN

As principais proteínas alergênicas do trigo são gliadinas e gluteninas, que formam o glúten. Há também outros cereais que possuem glúten, que é o caso da cevada e do centeio.

Nossa recomendação é que a introdução de alimentos com glúten seja feita a partir da aveia, pois, apesar de não ter originalmente glúten, no Brasil ela possui normalmente traços de outros cereais que apresentam glúten em sua composição, em razão de contaminação por meio do solo, da estocagem ou do processamento junto com o trigo.

Mas por que fazer a introdução com a aveia contaminada, e não com o próprio trigo?

A aveia contaminada tem uma baixa carga de glúten, e, considerando que se trata da primeira exposição do bebê a essa proteína, recomendamos que a introdução seja feita de forma mais branda.

Estudos mostram que o risco de desenvolvimento de doença celíaca na criança aumenta quando é feita a exposição precoce (antes dos três meses) ou tardia (após os sete meses) em crianças já predispostas geneticamente. Além disso, um estudo holandês mostrou que crianças introduzidas ao glúten aos seis meses de idade tiveram um risco diminuído de eczema até os dez anos de idade, comparadas com as crianças introduzidas ao glúten depois dos seis meses [5]. Por isso, recomendamos que a introdução seja feita aos seis meses de idade [9], conforme orientação médica.

Segundo a Sociedade Europeia de Gastroenterologia Pediátrica (ESP-GHAN), o consumo de grandes quantidades de glúten deve ser evitado durante as primeiras semanas de introdução alimentar, após a introdução do glúten, e também durante a infância, tendo em vista que estudos apontam para a associação entre a quantidade de ingestão de glúten e o risco de doença celíaca [4].

Vale ressaltar que a doença celíaca não é uma reação alérgica ao alimento, e sim uma doença autoimune. Crianças com essa doença ou com histórico familiar com registro desta devem ser acompanhadas pelo médico.

Caso o bebê já tenha alergia diagnosticada ao trigo, o alimento não deve ser oferecido.

A INTRODUÇÃO DO LEITE DE VACA

A alergia à proteína do leite de vaca (APLV) é uma das alergias mais comuns na atualidade.

Segundo o Ministério da Saúde, o bebê deve tomar leite materno até os dois anos de idade, ou, se não for possível, deve usar fórmula infantil adequada à idade. Além disso, o leite de vaca não é adequado ao bebê, pois tem alta concentração de proteína e inadequação de muitos micronutrientes, como o ferro, o zinco e algumas vitaminas [9]. Segundo a Sociedade Brasileira de Pediatria, ele é um dos grandes responsáveis pela alta incidência de anemia ferropriva em crianças menores de dois anos no Brasil.

Para as crianças que forem diagnosticadas com APLV e que estão em aleitamento materno, a mãe deve fazer a exclusão do leite de vaca e seus derivados da sua alimentação, mantendo a amamentação. Para as crianças que não estiverem mamando, o médico ou o nutricionista indicará a fórmula infantil específica.

É importante lembrar que os leites de cabra ou ovelha não devem ser utilizados em substituição ao leite de vaca, pois eles contêm proteínas muito semelhantes. Portanto, também podem ser tão alergênicos quanto [8,1]. Por isso, o bebê alérgico que não for amamentado deve tomar a fórmula infantil adequada, conforme indicação do pediatra.

REFERÊNCIAS

1. ASSOCIAÇÃO BRASILEIRA DE ALERGIA E IMUNOLOGIA. Consenso Brasileiro sobre Alergia Alimentar: 2007. *Revista Médica de Minas Gerais,* 2008; 18(1 Supl 1): S1-S44.

2. BRASIL. Ministério da Saúde. *Guia alimentar para crianças menores de dois anos.* Brasília: Ministério da Saúde; Organização Pan-Americana de Saúde, 2002b.

3. COCCO, R. R. et al. Abordagem laboratorial no diagnóstico da alergia alimentar. *Rev Paul Pediatr,* 2007;25(3):258-65.

4. ESPGHAN. Complementary Feeding: A Position Paper by the European Society for Paediatric Gastroenterology, Hepatology, and Nutrition (ESPGHAN) Committee on Nutrition. *JPGN,* v. 64, n. 1, Jan. 2017.

5. IBERT, N. J. et al. (2017) Allergenic food introduction and risk of childhood atopic diseases. *Plos One,* 12(11): e0187999.

6. INSTITUTE OF MEDICINE. *Dietary reference intakes for vitamin A, vitamin K, arsenic, boron, chromium, copper, iodine, iron, manganese, molybdenum, nickel, silicon, vanadium, and zinc.* Washington (DC): National Academy Press, 2002.

7. PINOTTI, Renata. *Guia do bebê e da criança com alergia ao leite de vaca.* 1. ed. Rio de Janeiro: AC Farmacêutica, 2013.

8. RESTANI, P. et al. Cross reactivity between milk proteins from different animal species. *Clin Exp Allergy,* 1999;29: 997-1004.

9. SOCIEDADE BRASILEIRA DE PEDIATRIA. *Manual de orientação para alimentação do lactente, do pré-escolar, do escolar, do adolescente e na escola.* São Paulo: SBP, 2012.

10. WU, T. C.; CHEN, P. H. Health consequences of nutrition in childhood and early infancy. *Pediatr Neonatol,* 2009; 50(4):135-42.

11. SOLÉ, D. et al. Consenso Brasileiro sobre Alergia Alimentar: 2018 – Parte 1 – Etiopatogenia, clínica e diagnóstico. Documento conjunto elaborado pela Sociedade Brasileira de Pediatria e Associação Brasileira de Alergia e Imunologia. *Arq Asma Alerg Imunol,* 2018;2(1):7-38.

12. Sociedade Brasileira de Pediatria. Manual de Alimentação: orientações para alimentação do lactente ao adolescente, na escola, na gestante, na prevenção de doenças e segurança alimentar / Sociedade Brasileira de Pediatria. Departamento Científico de Nutrologia. – 4a. ed. - São Paulo: SBP, 2018.

66

Viviane dos Santos, mãe da Sofia (1 ano e 9 meses), que teve diagnóstico de alergia a leite de vaca, soja, trigo, ovo, tomate, amendoim, aveia, feijão e banana:

Meu nome é Viviane Luna dos Santos

Minha filha é Sofia Luna Cavalcante tem 1 e 9 meses.

A parte mais difícil foi chegar até o diagnóstico, foram vários médicos até encontrarmos um que realmente nos ajudasse. Eu fiquei muito perdida e assustada inicialmente, não entendia a magnitude da restrição que tínhamos que seguir. Aprendi quase tudo com outras mães de alérgicos e com o nosso dia a dia. Sofia é alérgica a leite de vaca, soja, trigo, ovo, tomate, amendoim, aveia, feijão, banana e pelos de animais.

Um dos pontos mais difícil do dia a dia é achar os alimentos, medicações, produtos de higiene livres de traços, e também o fato desses itens serem muito mais caros que os 'tradicionais'. Outro ponto difícil, são as reações alérgicas que muitas vezes não conseguimos identificar onde houve a falha. Mas, com certeza, têm outras inúmeras coisas difíceis que passamos todos os dias.

99

Como variar o cardápio da criança? . 11

Muitas vezes por medo de descobrir outros alimentos que causem reação alérgica ao bebê, os pais tendem a oferecer à criança uma variação pequena de alimentos, tornando o cardápio monótono. Porém, é muito importante que a criança entre em contato com novos alimentos, para assim ter uma alimentação mais variada e equilibrada. Quanto mais variado o prato, mais nutrientes diferentes a criança estará consumindo. A alimentação da criança alérgica não precisa ser monótona.

Os pais também devem ter em mente que a criança alérgica, assim como qualquer outra, também fica doente, e não necessariamente isso é um sinal de reação alérgica. Por isso, é importante saber diferenciar os sintomas de alergia de uma virose, por exemplo. Uma conversa com o pediatra pode auxiliar bastante e dar mais segurança aos pais nessa fase.

A COMPOSIÇÃO DO PRATINHO

O pratinho do bebê, quando estiver completo, deverá conter um alimento de cada grupo alimentar, que são: cereais, tubérculos, legumes, verduras, leguminosas e proteínas, lembrando sempre de acrescentar o azeite de oliva extra virgem sobre a comida [1,2].

Sempre que possível, o pratinho do bebê deve estar colorido, para que ele consiga consumir o máximo de nutrientes diferentes possível. Por exemplo, se você escolheu uma verdura verde para compor o cardápio, dê prioridade para legumes de outra cor.

Pratinho recomendado para crianças a partir de seis meses.

A tabela abaixo mostra exemplos de alimentos de cada grupo, para auxiliar na variação do cardápio do bebê.

Tabela 11 – Exemplo de alimentos por grupo alimentar que podem compor o pratinho do bebê.

| CEREAIS / PSEUDOCEREAIS | HORTALIÇAS | |
	LEGUMES	VERDURAS
Arroz branco Arroz integral Milho Quinoa Macarrão integral Macarrão de arroz Macarrão de quinoa	Cenoura Beterraba Chuchu Abobrinha Abóbora Berinjela Quiabo Jiló Maxixe Vagem	Repolho Agrião Brócolis Espinafre Couve Acelga Alface Couve-flor
TUBÉRCULOS	LEGUMINOSAS	PROTEÍNAS
Batata-inglesa Batata-baroa Batata-doce Mandioca (aipim, macaxeira) Inhame Cará	Feijão carioca Feijão preto Feijão branco Ervilha Lentilha Grão-de-bico	Carne bovina Frango Peixe Ovo Carne suína

Abaixo, apresentamos um exemplo de esquema para introdução alimentar para crianças com reações imediatas. Caso o bebê tenha alergia diagnosticada a algum dos alimentos sugeridos no cardápio, abaixo, este não deve ser oferecido e deve ser substituído por outro do mesmo grupo alimentar, conforme orientação do nutricionista.

Tabela 12 – Esquema para primeira semana de introdução à alimentação complementar para bebês com reação imediata (mediada por IgE).

SEGUNDA	TERÇA	QUARTA	QUINTA	SEXTA	SÁB	DOM
ALMOÇO						
Batata	Batata Abóbora	Batata Abóbora Brócolis	Batata Abóbora Brócolis Frango	Inhame Abóbora Brócolis Frango	Inhame Cenoura Brócolis Frango	Batata Cenoura Couve Frango

Tabela 13 – Esquema para segunda semana de introdução à alimentação complementar para bebês com reação imediata (mediada por IgE).

SEGUNDA	TERÇA	QUARTA	QUINTA	SEXTA	SÁB	DOM
LANCHE DA MANHÃ						
——	Mamão	Mamão	Pera cozida	Banana cozida	Manga	Mamão
ALMOÇO						
Batata Cenoura Couve Carne moída	Inhame Abóbora Brócolis Carne moída	Feijão-preto Inhame Beterraba Brócolis Frango	Feijão-carioca Batata-doce Beterraba Couve Carne moída	Feijão-preto Batata-doce Abobrinha Brócolis Carne moída	Feijão carioca Batata Abobrinha Couve-flor Peixe	Feijão-preto Batata Abóbora Couve-flor Peixe

Tabela 14 – Esquema para terceira semana de introdução à alimentação complementar para bebês com reação imediata (mediada por IgE).

SEGUNDA	TERÇA	QUARTA	QUINTA	SEXTA	SÁB	DOM
LANCHE DA MANHÃ						
Banana cozida	Manga	Maçã cozida	Mamão	Pera cozida	Melão	Pêssego
ALMOÇO						
Arroz branco Feijão-carioca Batata-baroa Quiabo Couve-flor Peixe	Arroz branco Lentilha Batata Abóbora Couve Frango	Arroz branco Feijão-carioca Batata-baroa Abobrinha Brócolis Gema cozida	Arroz integral Lentilha Cará Abobrinha Acelga Frango	Quinoa Feijão-carioca Batata Abóbora Couve-flor Carne moída	Arroz integral Lentilha Batata-baroa Beterraba Repolho roxo Gema cozida	Quinoa Feijão carioca Cará Chuchu Acelga Peixe
LANCHE DA TARDE						
Melão	Pera cozida	Abacate	Banana cozida	Ameixa	Maçã cozida	Manga

Tabela 15 – Esquema para quarta semana de introdução à alimentação complementar para bebês com reação imediata (mediada por IgE).

SEGUNDA	TERÇA	QUARTA	QUINTA	SEXTA	SÁB	DOM
LANCHE DA MANHÃ						
Abacate + aveia	Banana	Manga + aveia	Maçã	Mamão	Pera	Melancia
ALMOÇO						
Arroz integral Feijão-preto Batata-baroa Chuchu Couve-flor Frango	Quinoa Ervilha Mandioca Beterraba Couve Peixe	Arroz integral Grão de bico Inhame Cenoura Brócolis Carne moída	Quinoa Feijão-preto Mandioca Beterraba Agrião Peixe	Arroz integral Ervilha Batata-baroa Abobrinha Repolho roxo Ovo cozido	Quinoa Feijão-preto Mandioca Jiló Acelga Frango	Arroz Grão de bico Batata-baroa Vagem Brócolis Ovo cozido
LANCHE DA TARDE						
Maçã	Melão	Pera	Abacate	Pêssego	Manga	Banana

Tabela 16 – Esquema para quinta semana de introdução à alimentação complementar para bebês com reação imediata (mediada por IgE).

SEGUNDA	TERÇA	QUARTA	QUINTA	SEXTA	SÁB	DOM
LANCHE DA MANHÃ						
Abacate	Banana	Manga	Maçã	Mamão	Pera	Melancia
ALMOÇO						
Arroz integral Feijão Preto Batata inglesa Cenoura Escarola Peixe	Quinoa Grão de bico Cará Berinjela Repolho Carne moída	Arroz integral Lentilha Batata doce Abóbora Espinafre Peixe	Quinoa Feijão Preto Batata inglesa Cenoura Brócolis Frango	Arroz integral Grão de bico Batata baroa Chuchu Repolho Ovo cozido	Arroz integral com quinoa Feijão Preto Cará Abobrinha Agrião Frango	Arroz integral Grão de bico Batata baroa Abóbora Brócolis Carne moída
LANCHE DA TARDE						
Goiaba	Melão	Pera	Abacate	Pêssego	Manga	Banana
JANTAR						
Semelhante ao almoço						

A EVOLUÇÃO DO CARDÁPIO

Com seis meses, vimos que os alimentos devem ser oferecidos gradativamente ao bebê, até que a refeição esteja completa, para verificar ocorrências de alergias alimentares. Com sete meses, o cardápio da criança ficará completo, comendo: fruta pela manhã, almoço, fruta à tarde e jantar. O leite materno é oferecido nos intervalos.

A partir dos nove meses, a criança já terá tido oportunidade de comer vários tipos de alimentos. Você já terá aprendido o que ela gosta e o que ela não gosta, ficando mais fácil fazer combinações de alimentos.

Aos seis meses, recomenda-se que a comida seja amassada, com o garfo, até ficar em uma consistência de purê; porém, aos poucos a comida do bebê não precisará mais ser amassada, no entanto, é importante ressaltar que essa evolução deve ser feita de forma gradual. consistência deve ser evoluída . Com nove meses, a criança já poderá comer alimentos menos amassados e com mais pedacinhos, de forma que, com um ano de idade, possa comer os alimentos na mesma consistência que os da família.

A partir de um ano de idade, a criança já poderá comer muitos alimentos na mesma consistência dos que a família consome, se a evolução for feita adequadamente. A salada crua já poderá ser introduzida a partir de um aninho. Nesse momento, você pode começar a colocar folhosos crus, tomatinho, pepino, cenoura ralada no pratinho da criança e estimulá-la a comer.

É muito importante lembrar que os pais devem ser exemplo para os filhos. De nada adianta o pratinho do seu filho ser saudável se o seu não é. Logo ele vai perceber essa diferença e pode rejeitar a comida. Por isso, os pais também devem ter hábitos alimentares saudáveis.

Outra inclusão a ser feita no cardápio da criança é o cereal complementar à fruta. A partir de um ano, a fruta da manhã e a da tarde precisam ser complementadas, uma vez que a criança está crescendo e precisa de mais energia. Podem ser incluídos no cardápio aveia, quinoa em flocos, tapioca ou crepioca, cuscuz, bolo integral sem açúcar, pão integral caseiro etc., conforme a aceitação da criança, a regionalidade e o hábito da família.

Da mesma forma que é feita a introdução dos alimentos, aos poucos, no início da alimentação complementar, ao se introduzir o complemento da fruta, o bebê alérgico deve ser monitorado. O diário alimentar pode ser mantido, nesse caso.

6 Meses

9 Meses

1 Ano

Tabela 17 – Composição do cardápio da criança a partir de um ano de idade.

REFEIÇÃO	ALIMENTO
Lanche da manhã	Fruta + cereal ou tubérculo
Almoço	Cereal, tubérculo, legume, verdura, leguminosa, proteína, salada crua e azeite de oliva
Lanche da tarde	Fruta + cereal ou tubérculo
Jantar	Cereal, tubérculo, legume, verdura, leguminosa, proteína e azeite, salada crua e azeite de oliva
Durante o dia	Leite materno em livre demanda, cuidando para que não atrapalhe as refeições principais.

Tabela 18 – Exemplo de plano alimentar qualitativo para criança a partir de um ano de idade (sem leite, ovo, trigo, soja).

REFEIÇÃO	ALIMENTO
Lanche da manhã	Banana (fruta constipante) Aveia em flocos
Almoço	Arroz integral Batata-doce assada Grão de bico cozido Abóbora no vapor Repolho roxo no vapor Sobrecoxa de frango cozida Salada de alface, tomate e rúcula
Lanche da tarde	Ameixa (fruta laxante) Tapioca com azeite e orégano
Jantar	Quinoa cozida Batata-baroa cozida Feijão-carioca cozido Beterraba assada Brócolis no vapor Carne moída Salada de cenoura, pepino e agrião

A FESTINHA DE UM ANO

Muito cuidado com o que terá de comida na festinha do seu filho. O ideal é fazer algo que a criança também possa comer, pois a criança de um ano ainda não deve comer alimentos como salgadinhos, docinhos e bolo açucarado. Considerando, ainda, a alergia alimentar da criança, o cardápio deverá ser ajustado. Se a criança for alérgica a leite, por exemplo, todos os alimentos da festa precisam ser sem leite.

É normal sentir uma certa apreensão e medo de alguém oferecer algo que faça mal à criança e cause uma reação alérgica nesses momentos festivos, pois, em geral, os pais não estarão ao lado da criança 100% do tempo. Muitas vezes a criança já aprendeu a andar ou dar alguns passinhos e já quer desbravar os ambientes, brincar e se socializar com a família e com os amiguinhos.

Por isso, é muito importante que os pais de crianças alérgicas conversem com a família antes e expliquem a situação, mostrando a importância de não oferecer determinados alimentos para a criança. A conversa sempre é o melhor caminho.

Abaixo estão algumas sugestões mais saudáveis para você poder servir na festinha do seu filho ou filha:

- sanduíches recheados: frango, carne desfiada, brócolis com frango (evite embutidos);

- frutas frescas ou secas;

- espetinho salgado: carne/frango, tomate cereja, vegetais;

- espetinhos de frutas ou saladas de frutas;

- vegetais com patê;

- picolé de frutas: frutas com água de coco.

REFERÊNCIAS

1. BRASIL. Ministério da Saúde. *Guia alimentar para crianças menores de dois anos.* Brasília-DF: Ministério da Saúde; Organização Pan-Americana de Saúde, 2002b.
2. SOCIEDADE BRASILEIRA DE PEDIATRIA. *Manual de orientação para alimentação do lactente, do pré-escolar, do escolar, do adolescente e na escola.* São Paulo: SBP, 2012.
3. Sociedade Brasileira de Pediatria. Manual de Alimentação: orientações para alimentação do lactente ao adolescente, na escola, na gestante, na prevenção de doenças e segurança alimentar / Sociedade Brasileira de Pediatria. Departamento Científico de Nutrologia. – 4a. ed. - São Paulo: SBP, 2018.

Higienização dos alimentos . 12

As frutas e verduras precisam ser devidamente higienizadas antes de serem consumidas. Para higienizar corretamente os alimentos e proteger o seu bebê de uma intoxicação alimentar, os seguintes passos devem ser seguidos.

HIGIENIZAÇÃO DE LEGUMES E FRUTAS :

1. Lave os vegetais com água e escovinha, para retirar as sujeiras visíveis.

2. Enxague em água corrente e coloque-os em um recipiente profundo contendo água limpa. É importante que o alimento fique completamente submerso.

3. Em seguida, adicione hipoclorito ou água sanitária própria para alimentos, conforme orientação do fabricante. Em geral, utiliza-se uma colher de sopa de água sanitária própria para alimentos para cada um litro de água.

4. Deixe os vegetais de molho por 15 minutos, retire e enxágue bem. É importante não deixar nenhum resíduo.

HIGIENIZAÇÃO DE VEGETAIS FOLHOSOS :

1. Esfregue as folhas com uma escovinha, delicadamente, com água, para retirar a sujeira aparente.

2. Faça o mesmo procedimento descrito acima – deixar de molho por 15 minutos no hipoclorito ou na água sanitária própria para alimentos e enxaguar bem.

O preparo das refeições . 13

Preparar as refeições da criança em casa, com alimentos frescos, preferencialmente orgânicos, e com muito amor, é um dos segredos do sucesso da alimentação complementar.

Antes do preparo, algumas orientações importantes são necessárias.

SOPINHA, PAPINHA OU COMIDINHA?

A comida do bebê não deve ser liquidificada, peneirada ou processada. Além disso, não é recomendado que a comida seja misturada (de forma que não se possa identificar os alimentos). Isso porque a criança precisa sentir o sabor dos alimentos e ir identificando cada um. Assim, ficará mais fácil saber de qual alimento ela gosta e de qual não gosta.

Os alimentos devem ser cozidos com pouca água ou no vapor e amassados com o garfo, até atingirem a consistência de papa/purê. É importante lembrar que a comida do bebê não deve ser uma sopa, pois normalmente essa preparação contém grande quantidade de água, sendo, portanto, uma refeição volumosa e com poucos nutrientes. Além disso, por serem mais ralas, não estimulam a mastigação.

Para as crianças que irão iniciar a alimentação complementar pelo BLW, é importante que os alimentos sejam cortados em pedaços de tamanho e forma adequados, para que o bebê possa segurá-los com facilidade. Esses alimentos podem ser cozidos no vapor até atingirem uma consistência que o bebê consiga segurar sem esmagá-los.

OS TEMPEROS SÃO PERMITIDOS?

O sal não deve ser adicionado à comida da criança até um ano de idade. Em razão disso, muitas pessoas acreditam que a comidinha, por não ter sal, não tem sabor. Porém, a comida do bebê pode, sim, ser muito saborosa, e para isso podemos utilizar temperos naturais.

Considerando que a introdução da alimentação complementar do bebê deve ser feita com cautela, de forma a identificar possíveis reações a outros alimentos, recomendamos que, inicialmente, as primeiras papinhas de vegetais sejam oferecidas sem tempero.

Além disso, sabemos que para crianças maiores a aceitação dos vegetais não é tão boa quanto poderia ser; então, é importante expor o bebê a esses sabores e estimular o paladar para os vegetais, sem interferência de nenhum outro sabor.

Depois, aos poucos, podemos utilizar vários temperos, para facilitar ainda mais a aceitação e tornar a comidinha mais gostosa e saudável, fazendo maravilhosas combinações com temperos frescos, como alho, cebola, alho-poró, louro, salsa, cebolinha, manjericão, coentro, sálvia, orégano, entre outros, inclusive as versões desidratadas. Podemos usar também canela, cúrcuma e noz moscada. Assim você pode fazer a alimentação do seu bebê ficar muito mais atrativa e cheia de benefícios.

Apenas tenha cautela e evite misturar muitos temperos ao mesmo tempo e aqueles mais picantes, como a pimenta-do-reino, por exemplo.

Existem temperos que combinam mais com algum tipo de ingrediente. Por exemplo, o alecrim combina muito com o peixe, a cúrcuma fica ótima com o frango, entre outras combinações, mas isso não impede que você tente fazer outras misturas que acredite agradar mais o bebê.

OS CEREAIS

Os cereais são sementes ou grãos comestíveis de gramíneas. Os mais comuns ou mais utilizados na nossa alimentação são: o trigo, o arroz, o milho, a cevada e o centeio. Existem também os considerados pseudocereais, como é o caso da quinoa e do amaranto.

Fontes de micronutrientes importantes como vitamina E, vitaminas do complexo B, cálcio, magnésio e zinco, os cereais são alimentos importantes na introdução à alimentação complementar da criança.

A quinoa, considerada um pseudocereal, tem nutrientes importantes para o crescimento e o desenvolvimento da criança. Ela contém uma quantidade maior de proteína que outros cereais, por isso é uma ótima opção para incluir no pratinho do bebê.

O PREPARO DOS LEGUMES, DAS VERDURAS E DOS TUBÉRCULOS

Os legumes e as verduras são ricos em micronutrientes e devem ser incluídos na alimentação do bebê desde o início da introdução da alimentação complementar. Os tubérculos, por sua vez, são ricos em carboidratos e também devem ser introduzidos logo no primeiro pratinho do bebê.

Esses vegetais podem ser cozidos no vapor ou em pouca água. Outra opção bastante prática é cozinhá-los juntamente com o arroz, pois assim facilitamos o preparo e economizamos tempo.

O PREPARO DAS LEGUMINOSAS

As leguminosas são definidas como grãos contidos em vagens. Existem vários tipos, como: o feijão, a ervilha, a lentilha, o grão de bico e a soja.

O preparo das leguminosas requer uma atenção especial. Isso porque elas têm antinutrientes que precisam ser retirados antes de serem consumidas. Além disso, elas contêm oligossacarídeos, que geram gases ao serem fermentadas no intestino humano, que podem causar muito desconforto ao bebê.

Antes de cozinhar leguminosas, recomendamos realizar o processo conhecido como remolho. Para fazer o remolho, você deverá deixar o grão de molho em água, por oito a doze horas, na geladeira, nunca em temperatura ambiente, para evitar contaminação de microrganismos.

Após esse período, retire o feijão da geladeira, jogue a água fora e, então, cozinhe a leguminosa na panela de pressão, com outra água.

Esse processo é feito para retirar todos os antinutrientes das leguminosas, como, por exemplo, os fitatos, que atrapalham a absorção de nutrientes importantes, como ferro e cálcio.

Além disso, o remolho também tem um segundo benefício: retira os oligossacarídeos que causam gases ao serem fermentados no intestino.

Terminado o cozimento da leguminosa na panela de pressão, você poderá refogá-la no azeite, em uma panela menor, mais fácil de manusear, e amassá-la até alcançar a consistência de papa ou purê, para oferecer ao bebê.

A utilização da técnica de remolho não deve ficar restrita ao feijão. O grão de bico e a lentilha, assim como as outras leguminosas, também precisam passar por este processo. No caso do grão de bico, depois de cozido, você deve retirar sua casquinha para, depois, refogá-lo em azeite e amassá-lo até atingir também a consistência de papa ou purê.

O PREPARO DAS PROTEÍNAS

Alimentos proteicos de origem animal, como carne bovina, frango, peixe e ovo, são fontes de nutrientes importantes para o crescimento e o desenvolvimento do bebê, tais como ferro, vitamina B12 e outros.

Indicamos que as carnes de vaca e de frango sejam moídas, para evitar engasgos do bebê com pedaços maiores. Recomendamos, além disso, que você tenha um moedor de carne em casa, sempre muito bem higienizado, o que evitará o risco de contaminação cruzada das máquinas de moer dos açougues. O mercado já oferece moedores práticos e compactos, com custo relativamente acessível.

Toda carne deve ser bem cozida, evitando deixar pedaços crus, devido ao risco microbiológico.

O PREPARO DAS COMIDINHAS PARA BLW

Aos pais que vão iniciar a alimentação complementar do bebê utilizando a abordagem do BLW, seguem algumas informações importantes sobre o preparo dos alimentos.

- Os vegetais devem ser cortados em tamanhos maiores, em forma longitudinal, para facilitar que a criança pegue com as mãos.

- Cozinhe os vegetais no vapor até ficarem macios, porém não moles demais a ponto de a criança conseguir esmagá-los facilmente.

- A carne, o arroz e a leguminosa podem ser feitos em forma de bolinho, assados por 10 minutos, no forno, para ficarem consistentes e o bebê conseguir segurá-los.

- As frutas também devem ser cortadas em tamanho longitudinal.

- Você pode cozinhar também algumas frutas no vapor, como a maçã e a pera, por exemplo.

- Higienize a bancadinha do cadeirão do bebê e coloque os vegetais ou frutas diretamente nesse local.

- Você também pode utilizar aqueles pratos que fixam na superfície, assim se evita que a criança derrube o prato e os alimentos.

Lembre-se: nunca deixe a criança sozinha! Fique ao lado dela durante todo o momento da refeição.

REFERÊNCIAS

1. Sociedade Brasileira de Pediatria. Manual de Alimentação: orientações para alimentação do lactente ao adolescente, na escola, na gestante, na prevenção de doenças e segurança alimentar / Sociedade Brasileira de Pediatria. Departamento Científico de Nutrologia. – 4a. ed. - São Paulo: SBP, 2018.

Armazenamento, congelamento e descongelamento . 14

Sempre que possível, é recomendado oferecer à criança comida feita no dia. Porém, sabemos que muitas vezes, devido à rotina corrida, nem todos os pais/cuidadores têm tempo de preparar a comida da criança diariamente. Por isso, é importante aprender a forma correta de armazenar, congelar e descongelar os alimentos, de modo a preservar a maior quantidade de nutrientes possível no alimento e evitar proliferação de microrganismos patogênicos e a contaminação cruzada.

ARMAZENAMENTO

A comida do bebê poderá ficar armazenada na geladeira por até 48 horas (dois dias), por isso, caso o seu tempo seja escasso, você poderá preparar a comida de dois em dois dias.

É importante lembrar que você pode guardar apenas a comida que não entrou em contato com o bebê, ou seja, aquela que está na panela. A comida que sobrou no pratinho da criança, após a oferta, deve ser descartada, pois entrou em contato com bactérias da saliva da criança e, por isso, não pode ser armazenada para ser oferecida depois.

A comida deve ser armazenas em recipiente de vidro e colocadas, na geladeira, nas prateleiras da parte de cima , lugar onde a temperatura é mais baixa e, portanto, ajuda a conservar melhor a comida. Evite deixar na geladeira alimentos aos quais o bebê tenha reação alérgica, de forma a evitar a contaminação cruzada.

Para aquecer a comida, posteriormente, o método mais recomendado é o banho-maria, pois permite o aquecimento do alimento de forma igual. O micro--ondas não é indicado, uma vez que ao final do aquecimento parte da comida fica mais quente e outra parte mais fria, pelo seu aquecimento desigual.

CONGELAMENTO

Congeladas, as papinhas duram até 15 dias, caso armazenadas no congelador, e 30 dias caso se utilize o *freezer*. Para congelar a comida do bebê, faça da seguinte forma:

1. Lave bem as mãos com água e sabão e também todos os recipientes para armazenamento.

2. Depois de preparadas, coloque as papinhas em um recipiente com gelo, para resfriá-las antes do congelamento. Assim, as papinhas resfriarão mais rápido e de forma homogênea.

3. Esterilize os potinhos de vidros que serão usados para congelar as papinhas.

4. Coloque as papinhas nos potinhos, dividindo as porções ideais para a criança. Assim, na hora do descongelamento, você poderá descongelar a quantidade certa para seu bebê, pois, por questões microbiológicas, não é recomendado congelar novamente algo que já foi descongelado.

5. Armazene no congelador ou *freezer* de casa.

Uma opção alternativa de recipiente para guardar a comidinha do bebê é a forminha de gelo com tampa. Ela facilita bastante o transporte da comida do bebê em viagens, por exemplo.

Lembre-se! A forminha deve ser livre de bisfenol A, que é um componente do plástico que, nos extremos de temperatura, quente ou frio, é liberado na comida e faz mal à saúde.

Recomendamos que se coloquem etiquetas em cada potinho, para identificar o conteúdo, a data de preparação e a data limite em que poderá ser consumida, (prazo de validade). Assim como no armazenamento, verifique se no congelador não há nenhum alimento que possa causar reação alérgica à criança por meio de contaminação cruzada.

DESCONGELAMENTO

Existem três formas recomendadas para o descongelamento dos alimentos:

1. Retirar as papinhas do congelador e deixar descongelando dentro da geladeira.

2. Descongelar diretamente em banho-maria.

3. Descongelar diretamente na panela.

A comida não deve ser descongelada à temperatura ambiente e também não deve ser recongelada, pois não é seguro do ponto de vista microbiológico.

OS NUTRIENTES SÃO PERDIDOS?

Em todas as fases do processo de preparação, armazenamento, congelamento e descongelamento há perda de nutrientes, pois alguns deles são sensíveis a variações de temperatura. Por isso, o ideal é que os alimentos sejam oferecidos fresquinhos, sempre que possível. Porém, o armazenamento, o congelamento e o descongelamento feitos da forma correta podem preservar a maioria dos nutrientes.

Por isso, se por alguma razão não for possível oferecê-la prepará-la todos os dias, a papinha congelada ou resfriada também é adequada às necessidades nutricionais da criança. É preferível oferecer comida congelada ou resfriada, preparada em casa, sem conter conservantes, aditivos químicos e com risco reduzido de contaminação cruzada, a optar pelas papinhas industrializadas.

Como lidar com as rejeições? · **15**

Primeiramente, é importante explicar que uma criança de seis meses de idade tem, em média 200ml de capacidade gástrica (em torno de 30 a 40ml/kg de peso corporal) [2]. Porém, isso não significa que ela comerá exatamente 200g de comida. Por isso, não se preocupe se o seu filho não raspar o prato. Ele pode simplesmente estar saciado, haja vista capacidade gástrica menor.

É comum crianças alérgicas terem mais dificuldade para comer. Isso porque elas podem ter passado por estresse alimentar no período em que o problema ainda não havia sido diagnosticado, levando a crises alérgicas constantes. Nesses casos, paciência e amor são o melhor remédio. Aos poucos a criança vai se adaptando e aceitando melhor a alimentação. É preciso fazer com que a criança goste de comer, ache prazeroso. Então, evite se estressar nesse período, ofereça os alimentos com amor, deixe a criança à vontade para comer, parar um pouco e, depois, voltar a comer.

Além disso, acompanhe seu filho na curva de crescimento e compare ele com ele mesmo, ou seja, verifique se a curva está ascendente e se ele está ganhando peso. Observe também se o desenvolvimento motor dele está adequado, se é uma criança ativa, que tem energia. Se estiver tudo certo, então, não se preocupe! A quantidade que ele está comendo está sendo suficiente para que realize suas atividades e desenvolva suas capacidades.

Porém, se você perceber que a criança está sempre apática, está decaindo na curva de crescimento e seu desenvolvimento está deixando a desejar, então você deve, sim, se preocupar e conversar com o pediatra sobre essa situação.

É importante ressaltar que nas primeiras refeições a criança não come grandes quantidades, normalmente aceitam apenas algumas colheradas. Lembre-se de que o bebê está acostumado a apenas mamar e de repente ele se depara com uma situação nova, ou seja, a introdução de alimentos sólidos. Ele tem que aprender a abrir a boquinha, perdendo assim o reflexo de protrusão (colocar a língua para fora da boca), mastigar e deglutir (engolir) o alimento. Então, é natural que ele coma pouco. Nessa fase, a amamentação ainda provê a maior parte da energia que a criança precisa diariamente; assim, nos primeiros dias de introdução, os alimentos têm função complementar. Não se preocupe com a quantidade. Aos poucos, o bebê conseguirá comer mais.

Nessa fase, muitos pais, principalmente aqueles que têm bebês que foram prematuros ou que apresentam baixo peso, tendem a se preocupar mais do que o necessário e tentam fazer a criança ganhar peso a todo custo, muitas vezes oferecendo alimentos inadequados para a criança, como mingaus, cereais açucarados etc. Contudo, é importante ressaltar que estudos mostram que bebês nascidos pequenos para a idade gestacional e que têm um rápido aumento de peso corporal correm o risco de desenvolver, no futuro, doenças metabólicas, incluindo obesidade, doenças cardiovasculares e diabetes melitus tipo 2 [3]. Por isso, a introdução da alimentação complementar deve ser adequada, conforme orientações dos capítulos anteriores.

COMO SABER SE A CRIANÇA GOSTOU OU NÃO DA COMIDA?

Para ter certeza de que a criança não gostou de determinado alimento, você deve oferecer a ela o mesmo alimento de oito a quinze vezes [2]. Isso em dias diferentes, momentos diferentes. Por exemplo, você ofereceu beterraba para o bebê e ele rejeitou, você deve oferecer pelo menos por mais sete vezes, em dias diferentes. Se a criança rejeitar todas as vezes, você poderá dizer que ela não gosta de beterraba. Mas então você nunca mais vai oferecer beterraba a ela, já que ela não gosta? Claro que não! O paladar da criança vai mudando à medida que aumenta a quantidade de papilas gustativas. Então, se a criança não gostou da beterraba, fique um tempo sem oferecer, um mês, por exemplo, depois volte a oferecer, porque ela pode aceitar, em outro momento.

Outra dica é: quando você já conhecer o paladar da criança e souber que ela gosta bastante de algum alimento, você pode oferecer junto, no mesmo pratinho, do alimento que ela rejeitou. Por exemplo, vamos supor que ela amou batata-doce. Então, no dia em que você for oferecer batata-doce, coloque também beterraba. Assim, o sabor de que ela gosta pode ajudá-la a aceitar aquele alimento do qual ela não gosta tanto.

TV, ELETRÔNICOS E BRINCADEIRAS: ESTRATÉGIAS PERIGOSAS

Outra informação muito importante é evitar oferecer os alimentos em frente à televisão. Isso pode ser uma estratégia mais fácil para fazer a criança comer, pois ela está distraída e aos poucos você vai oferecendo os alimentos e a criança acaba comendo. Porém, é uma estratégia muito perigosa, pois você pode fazer com que a criança não perceba que está em um momento de alimentação, deixando de mostrar o quanto o momento da refeição pode ser prazeroso. Assim, a criança sempre vai querer comer assistindo televisão e perderá essa relação positiva com a comida. A Sociedade Brasileira de Pediatria recomenda que crianças menores de dois anos não sejam expostas às telas digitais, principalmente na hora das refeições ou nas horas que antecedem o sono.

Procure alimentar a criança sempre em local apropriado, de preferência sempre no mesmo lugar, e evite qualquer tipo de distrações, inclusive brinquedos e brincadeiras. A criança deve gostar da alimentação sem excesso de atrativos, para não distrair e perder o interesse pela comida.

Resta aos pais não se desesperarem e tentarem oferecer à criança as refeições conforme planejadas. Nada de substituir fruta por sucos, iogurtes adoçados ou outras guloseimas. A criança deve ter uma rotina alimentar e comer os alimentos saudáveis que estavam planejados, desde o início.

NÃO FORCE O SEU BEBÊ A COMER

Os pais devem estar junto com a criança durante as refeições, mesmo que esta já coma sozinha, para poder ajudá-la, se preciso. É importante também não ficar apressando-a. É necessário ter paciência e bom humor. A criança pode comer um pouco, brincar e comer de novo. Indicamos que ofereça comida assim que ela demonstrar fome, pois a criança, ao esperar, pode se interessar por outras coisas e perder a vontade de comer.

Lembramos, também, que a criança não deve ser forçada a comer tudo que está no prato [2], pois isso pode prejudicar ainda mais o processo, levando-a a ter traumas, a relacionar o momento da alimentação com algo negativo. Quem não conhece um amigo ou alguém que não come determinado alimento porque foi obrigado a comer quando criança? Então, estimule a criança a comer, faça da alimentação um momento agradável, nunca a force! Estimule sabores, variando os alimentos, a consistência e as formas de preparo.

REFERÊNCIAS

1. GONZALES, Carlos. Meu filho não come! Conselhos para resolver esse problema. Traduzido por Maria Tristão Bernardes. São Paulo: Timo, 2016.
2. SOCIEDADE BRASILEIRA DE PEDIATRIA. Manual de orientação para alimentação do lactente, do pré-escolar, do escolar, do adolescente e na escola. São Paulo: SBP, 2012.
3. WU, T. C.; CHEN, P. H. Health consequences of nutrition in childhood and early infancy. Pediatr Neonatol, 2009; 50(4):135-42.
4. Sociedade Brasileira de Pediatria. Manual de Alimentação: orientações para alimentação do lactente ao adolescente, na escola, na gestante, na prevenção de doenças e segurança alimentar / Sociedade Brasileira de Pediatria. Departamento Científico de Nutrologia. – 4a. ed. - São Paulo: SBP, 2018.

66

Silvania Barros, mãe da Joana (2 anos), que teve diagnóstico de alergia a ovo e a caseína:

Até descobrirmos o que causava as crises de diarreia e as urticárias na pele da Joana foi uma luta. O leite foi fácil de identificar, mas o ovo, foi difícil. Nunca havia passado pela experiência antes apesar de ter outra filha.

Em menos de um ano a alergia ao leite passou. Já a alergia ao ovo durou até quase dois anos. Nesse intervalo conseguimos seguir a dieta em casa, criando receitas substituindo o ovo por chia. O mais difícil foi quando ela começou a ir para a escola. A equipe pedagógica achava que era frescura e deixava ela comer o lanche de outras crianças. As crises se tornaram crônicas. Um dia encontrei Joana com um doce na boca, dado pela própria professora. Tive que fazer uma reclamação formal na direção da escola.

Falta muita informação ainda sobre as alergias nas crianças pequenas. As pessoas acham que é frescura da mãe e que "só um pouco" não faz mal. Mas só um pouco já estraga toda a dieta restritiva que fazemos em casa e voltamos à estaca zero. Graça a Deus a Joana está curada agora e já come de tudo. Mas tenho certeza que isso só foi possível porque fui bem rigorosa na dieta especial dela.

99

Como manter a socialização da criança? • 16

O ato de se alimentar não é apenas uma forma de adquirir nutrientes e energia, uma vez que o alimento tem também um significado simbólico, relacionando-se com emoções positivas ou negativas [1].

Aquele bolo de cenoura com cobertura quentinho que sua avó fazia e você adorava, ou aquela vitamina de abacate que seu pai o obrigava a tomar, quando criança, e você detestava são exemplos de como a nossa relação com a comida é algo muito maior do que apenas nutrir o corpo.

A comida também provoca sensações, lembranças e sentimentos. Por isso, é muito importante levar em consideração esses aspectos ao alimentar uma criança, em especial aquelas alérgicas, que precisam de cuidados e restrições.

A criança alérgica é uma criança como qualquer outra. Ela terá vontade de experimentar alimentos diferentes, principalmente na fase escolar, e caberá aos pais e cuidadores entenderem e ajudarem a criança nesse período.

RELAÇÃO ENTRE PAIS E PROFISSIONAL DE SAÚDE

É muito importante que haja uma relação mútua de confiança entre a família da criança e os profissionais de saúde a partir da descoberta da alergia alimentar. A boa comunicação entre eles facilita o entendimento sobre o diagnóstico e o tratamento, trazendo ganhos para ambas as partes, possibilitando inclusive melhorar a qualidade de vida da criança e também da sua família.

Os profissionais de saúde (médico, nutricionista, enfermeiro, psicólogo) podem ser ótimos aliados no tratamento da doença. Não tenha medo de pedir ajuda e esclarecer todas as dúvidas que tiver. Você deve se sentir seguro(a) quanto ao atendimento prestado, afinal de contas, é a saúde da criança que está sendo avaliada.

Recomendamos sempre aos pais de crianças alérgicas que estudem! Isso mesmo. Leiam bastante sobre o assunto, participem de grupos nas redes sociais, pois, conhecendo a doença e conhecendo a história de outras pessoas, a empatia é gerada. E junto com outros pais na mesma situação, poderão dar apoio uns aos outros. O entendimento dos pais e a conscientização sobre a doença auxilia bastante o profissional de saúde na conduta quanto à alergia alimentar.

A IMPORTÂNCIA DA FAMÍLIA

Sabemos que é comum, na descoberta da alergia alimentar, acontecer algumas divergências entre os pais, porém, cabe enfatizar que a aceitação e o apoio da família são fundamentais desde o diagnóstico até o tratamento da doença .

A criança precisa se sentir segura, e os constantes desentendimentos do casal podem atrapalhar neste momento. Culpar um ao outro sobre determinadas situações não resolverá o problema, apenas o agravará. Por isso, manter a harmonia familiar, mesmo nas situações mais difíceis, ajudará a criança a atravessar essa fase com menos intercorrências.

Um dos maiores problemas enfrentados pelos pais é a falta de entendimento da família sobre a alergia alimentar. Isso também é um dos maiores motivadores de desentendimentos entre o casal. Isso porque, na prática, percebe-se a dificuldade das pessoas em entender que o tratamento da alergia exige exclusão total do alimento, pois até partículas podem desencadear alergia na criança. [1]

Por isso, assim que internalizarem o diagnóstico e iniciarem o tratamento, conversem com a família (avós, avôs, tios, tias etc.), expliquem o que aprenderam. É muito importante que todos saibam sobre os desafios a serem enfrentados e como lidar com isso. Afinal, a saúde e o bem-estar da criança devem estar em primeiro lugar.

DICAS PARA CONSEGUIR O AUXÍLIO DOS FAMILIARES

DICA 1: MANTENHA A CALMA.

Não vale a pena criar uma indisposição com a família, afinal de contas, vocês terão um imenso caminho de convivência a percorrer. Por isso, antes de tudo, mantenha a tranquilidade para poder explicar tudo sobre a alergia alimentar a eles.

DICA 2: CONVERSE COM A FAMÍLIA ASSIM QUE RECEBER O DIAGNÓSTICO.

Se tudo estiver às claras logo no início, é bem mais fácil conter a intromissão excessiva da família, pelo menos dos mais próximos.

Então, não adie a conversa para quando a criança completar seis meses e for começar a introdução alimentar. Marque uma reunião de família e explique a todos sobre a doença e principalmente sobre os cuidados no tratamento.

DICA 3: RECRUTE ALIADOS!

Muitas vezes a família pode se sentir apartada do processo, e isso também pode gerar um clima desconfortável. Então, nada melhor do que os incluir no processo de alimentação saudável do bebê.

Se for possível e não for um problema para os pais, levem os avós para uma das consultas com o pediatra ou o nutricionista, assim eles ouvirão diretamente do profissional as orientações e os cuidados necessários para o tratamento da alergia alimentar e os riscos inerentes à contaminação cruzada e oferta de alimentos alergênicos à criança. Isso certamente fará a diferença.

DICA 4: SEJA FIRME!

Não deixe dúvidas do que você quer para a alimentação do seu filho, ou seja, não deixe brechas para que outras pessoas da família decidam por você. Quando vir algo que o incomode, fale! Claro, sempre mantendo o respeito.

Enfim, é fundamental ressaltar que o tratamento de alergia alimentar deve ser seguido à risca e passa pela supressão total do alimento alergênico da dieta da criança, inclusive de traços e partículas inaláveis. Deve-se tomar cuidado também com o contato do alimento com a pele e mucosas do bebê e observar o rótulo de todos os produtos alimentares ou produtos de uso tópico, como pomadas, cremes, sabonetes etc. com os quais porventura a criança vier a ter contato, além de ter total atenção a situações em que a criança precisará se alimentar fora de casa. A educação e a colaboração de todos os integrantes da família e também de todos os envolvidos na vida da criança (babás, cuidadores etc.) são imprescindíveis.[1]

A MÃE QUE AMAMENTA

Quando o bebê apresenta alergia alimentar e está em aleitamento materno exclusivo ou não, é importante que a mãe faça a dieta de exclusão dos alimentos alergênicos, seja leite, ovo, trigo, castanhas ou outros.

Sabemos que a exclusão desses alimentos, em especial leite e trigo, é algo complexo, pois no Brasil existe uma cultura muito forte em torno desses dois alimentos. Por isso, é comum haver uma dificuldade maior na exclusão de partículas e traços desses alimentos.

Considerando essa dificuldade, muitas mães tendem a fazer dietas muito restritivas e evitar o convívio social, numa tentativa de não sofrer mais pela exclusão do alimento. Contudo, sempre ressaltamos que a família e os amigos devem fazer parte desse processo e podem ajudar a atravessar essa fase difícil.

Portanto, se você é mãe e está amamentando, não se isole! Participe das reuniões de família, de amigos e instrua todos eles sobre o que está passando. Apoio e auxílio são sempre muito bem-vindos, e ter as pessoas queridas por perto também ajuda a descontrair e levar a situação de forma mais leve.

Se você é pai, lembre-se de apoiar e entender sua companheira, pois nessa situação ela é a que mais sofre com o tratamento, em razão da dieta de exclusão, principalmente se os alimentos retirados faziam parte do seu hábito alimentar. A mãe precisa estar bem psicologicamente para desenvolver o seu papel e passar segurança para a criança.

ALIMENTANDO A CRIANÇA FORA DE CASA

Sabemos da dificuldade de alimentar a criança fora de casa. Considerando que até mesmo partículas do alimento podem causar reação alérgica na criança, todo cuidado é pouco.

Por isso, aqui vão algumas recomendações para quando for preciso alimentar a criança fora de casa.

> **COZINHE OS ALIMENTOS EM CASA E LEVE-OS QUANDO FOR SAIR.**

Sabemos da praticidade em comprar alimentos prontos, porém, considerando que há muito risco de contaminação cruzada, recomendamos cozinhar os alimentos em casa.

Cozinhar pode ser muito divertido quando feito em família! Aprenda receitas diferentes, pesquise, troque receitas com amigas e com o nutricionista. Cozinhando em casa, o risco de contaminação cruzada diminui e você se sentirá mais seguro para oferecer o alimento à criança.

Recomendamos que a família compre uma bolsa térmica para levar os alimentos quando for sair. As refeições já aquecidas podem ficar por até duas horas em bolsa térmica.

> **EVITE OFERECER À CRIANÇA COMIDAS DE RESTAURANTES, MAS, SE FOR NECESSÁRIO, PREFIRA RESTAURANTES COM SERVIÇO À *LA CARTE*.**

Restaurantes *self-service* ficam com as comidas expostas e é comum que haja troca de colheres durante o serviço, por isso devem sempre ser evitados [2]. Se o restaurante for à *la carte*, é importante perguntar ao garçom se há pratos sem determinado tipo de alimento e se há a possibilidade de contaminação cruzada.

> **LEVE PARA AS FESTINHAS ALIMENTOS PREPARADOS POR VOCÊ.**

Se a família vai para a festinha de aniversário de um amigo da criança, caso os alimentos da festa não sejam preparados cuidadosamente para atender às necessidades de uma criança alérgica, recomendamos que os pais levem o alimento do filho [2].

Claro que seria constrangedor para a criança todos os amiguinhos comendo salgadinhos, bolos e outras guloseimas e apenas ele estar comendo um prato com arroz, feijão, vegetais cozidos no vapor e carne. Então, sugerimos que preparem algo que se assemelhe com o que a criança irá encontrar na festa.

Nada melhor do que ligar para os pais do coleguinha e saber o que será servido na festa, assim, você terá tempo de pesquisar e se preparar antecipadamente.

Sabemos que, muitas vezes, é difícil preparar com frequência alimentos para a criança levar para festinhas. Por isso, recomendamos que, quando for preparar esse tipo de alimento, congele uma parte para eventos futuros ou até para o final de semana ou situações que exijam rapidez. Em geral, os alimentos podem ficar congelados entre 15 e 30 dias.

A CRIANÇA NA ESCOLA

Uma das fases mais complexas da criança que tem alergia alimentar é a ida para a escola ou creche. Até o momento, os pais têm maior controle sobre o que a criança come, uma vez que estão o tempo todo ou a maior parte do tempo ao lado da criança.

Essa situação fica mais complicada quando a criança começa a ir para a creche ou para a escola. Nesse momento, os pais devem tomar bastante cuidado e escolher bem o local onde deixarão os seus filhos.

Primeiramente, antes de matricular a criança na creche ou escolinha, é muito importante conversar com os diretores ou responsáveis pela instituição educacional, principalmente se refeições forem servidas no local. Deve-se perguntar como as refeições são preparadas, sobre as instruções dadas pela escola aos monitores e professores e também sobre possível contaminação cruzada.

A seguir, apresentamos algumas dicas para manter a socialização da criança na escola e ao mesmo tempo garantir sua segurança alimentar [2].

Tabela 19 – Lista de dicas para auxiliar na manutenção da vida social da criança alérgica na escola.

DICAS PARA MANTER A SOCIALIZAÇÃO DA CRIANÇA ALÉRGICA NA ESCOLA
Dependendo da idade das crianças, peça que os professores conversem com os alunos sobre alergia alimentar.
Oriente aos professores a não permitir a troca de lanches entre os alunos. Caso o lanche seja oferecido pela escola, solicite que a maioria deles seja feito sem alimentos alergênicos, para não excluir a criança no momento dos lanches.
Em dias de festa, envie opções de preparações modificadas semelhantes às que serão servidas na festinha, caso a escola não providencie lanches sem os alimentos alergênicos.
Sempre que possível, mantenha contato com os pais das outras crianças. Faça grupos de conversa, pois isso facilita a comunicação entre todos.

Adaptado do *Guia do bebê e da criança com alergia ao leite de vaca* (PINOTTI, 2013).

O bem-estar da criança alérgica deve ser considerado por todos (pais, professores, amigos e familiares), uma vez que qualquer descuido pode ser motivo para desencadear uma reação alérgica. A compreensão de todos ao redor será sempre muito bem-vinda e contribuirá bastante para o bom desenvolvimento da criança.

REFERÊNCIAS

1. YONAMINE, G. H. (2011). Percepção dos Familiares de pacientes com alergia ao leite de vaca em relação ao tratamento. Dissertação (Mestrado em Ciências) – Faculdade de Medicina da Universidade de São Paulo.
2. PINOTTI, Renata. *Guia do bebê e da criança com alergia ao leite de vaca*. 1. ed. Rio de Janeiro: AC Farmacêutica, 2013.

**

Priscila Caxito, mãe da Valentina Caxito (5 anos), que teve diagnóstico de APLV aos 4 meses de vida:**

Me chamo Priscila Caxito, sou mãe da Valentina Caxito, que hoje está com 5 anos.

Descobri que ela é APLV quando tinha 4 meses de vida, ela tinha muita cólica e a barriguinha vivia inchada e um refluxo muito intenso. Um dia a noite ele teve diarreia e nas fezes tinhas rachas de sangue, quando vi fiquei desesperada e fomos para o hospital, foi então que descobrimos.

Ela não se adaptou com neocate, foi então que começamos a dar leite de arroz, ela se adaptou muito. Usamos leite de arroz até ela ter 2 anos, e de lá para cá nos adaptamos a levar sempre lancheirinha, onde levamos tudo o que ela pode comer.

Eu aprendi muito nesses anos de alergia da Valentina, sempre faço comidinhas e vários salgados e bolos sem proteína do leite. A pior fase da Valentina está sendo agora em que ela sempre reclama que não pode comer nada! Mas tenho certeza que faço de tudo para ela se sentir bem.

**

Receitas para Introdução da Alimentação Complementar . 17

TEMPERO PARA O FRANGO

INGREDIENTES

- 1 cebola média;
- 3 dentes de alho;
- 2 rodelas de alho-poró;
- 1 ramo de coentro ou orégano fresco;
- 1 colher de sopa de azeite de oliva extra virgem.

Modo de preparo: Bata tudo no mixer.

TEMPERO PARA O PEIXE E PARA AS LEGUMINOSAS

INGREDIENTES

- 1 cebola roxa média;
- 3 dentes de alho;
- 10 cebolinhas;
- 3 raminhos pequenos de alecrim fresco;
- 1 colher de sopa de azeite de oliva extra virgem;

Modo de preparo: Bata tudo no mixer.

TEMPERO PARA A CARNE

INGREDIENTES

- 1 cebola média;
- 3 dentes de alho;
- 10 folhas de manjericão;
- 10 cebolinhas;
- 1 raminho de salsa;
- 1 colher de sopa de azeite de oliva extra virgem.

Modo de preparo: Bata tudo no mixer.

QUINOA

INGREDIENTES
- 2 colheres de sopa de quinoa;
- 250ml de água.

Modo de preparo: Deixe previamente a quinoa de molho em água, por 30 minutos, antes de cozinhar. Depois, descarte a água. Coloque 250ml de água para ferver. Adicione a quinoa. Deixe cozinhar por 20 minutos ou até que a quinoa esteja macia. Amasse e sirva.

PAPINHA DE BRÓCOLIS, ABÓBORA E BATATA-BAROA (VAPOR)

INGREDIENTES

- 2 raminhos de brócolis;
- 1 fatia de abóbora picada;
- 1 batata-baroa pequena.

Modo de preparo: Higienize todos os vegetais. Coloque na panela de cozinhar no vapor e deixe até que os vegetais fiquem macios. Amasse todos com o garfo, separadamente.

PAPINHA DE ABOBRINHA, CENOURA, BATATA-BAROA E ARROZ (COCÇÃO PANELA TRADICIONAL)

INGREDIENTES

- 2 colheres de sopa de arroz branco;
- 500ml de água;
- ½ abobrinha;
- ½ cenoura;
- 1 batata baroa pequena.

Modo de preparo: Higienize todos os vegetais. Pique os vegetais em tamanhos maiores, exceto a cenoura (rodelas finas). Coloque a água para ferver. Adicione o arroz e depois os vegetais na panela. Tampe e espere 20 minutos ou até que fiquem macios. Os vegetais que ficarem prontos primeiro podem ser retirados e amassados separadamente. O arroz será o último a ficar pronto. Caso necessário, acrescente mais água para concluir o seu cozimento. Retire o arroz e amasse. Monte o pratinho com os alimentos separados.

PAPINHA DE ARROZ, ABÓBORA, BATATA INGLESA E REPOLHO ROXO (COCÇÃO NA PANELA ELÉTRICA)

INGREDIENTES

- 2 colheres de sopa de arroz branco;
- 500ml de água (se for arroz integral, colocar 750ml de água);
- 2 fatias de abóbora;
- 1 batata inglesa;
- 1 folha de repolho roxo.

Modo de preparo: Higienize todos os vegetais. Retire a casca da abóbora e da batata. Pique a abóbora e a batata-inglesa em pedaços mais grossos e rasgue as folhas de repolho. Coloque a água na panela elétrica de arroz, adicione as 2 colheres de sopa de arroz, a abóbora e a batata. Encaixe a cesta de vapor (esse utensílio faz parte do *kit* dessa panela, mas você pode usar um *cozi vapore*, se preferir) e adicione as folhas de repolho, para cozinhar. Tampe a panela, ligue o botão para acionar o cozimento e aguarde, em média, 25 minutos para ficar pronto. Pode ficar pronto antes ou depois, dependendo da potência da sua panela elétrica. Retire os vegetais que cozinharem primeiro e amasse separadamente com o garfo. O arroz será o último a ser retirado.

FEIJÃO

INGREDIENTES

- 1 xícara de feijão (já feito o remolho);
- Água suficiente para cobrir o feijão;
- 1 colher de chá de tempero para leguminosa.

Modo de preparo: Coloque os grãos na panela de pressão e cubra com água. Deixe cozinhar na pressão por 25 minutos. Apague o fogo e aguarde a liberação total da pressão para, então, abrir a panela. Refogue 1 concha de feijão cozido (com caldo) com o tempero. Deixe ferver para engrossar o caldo, depois amasse com o garfo.

FRANGO

INGREDIENTES

- 50g de peito de frango picado em cubos;
- 1 colher de chá do tempero para frango;
- 100ml de água;
- ¼ de limão espremido (opcional).

Modo de preparo: Coloque o limão e o tempero no frango e deixe descansar por 5 minutos. Depois, refogue o frango até dourar. Adicione 100ml de água e deixe cozinhar por mais alguns minutos. Quando estiver bem cozido, amasse com a ajuda de dois garfos.

CARNE MOÍDA

INGREDIENTES

- 50g de carne moída duas vezes;
- 1 colher de chá do tempero para carne;
- 50ml de água.

Modo de preparo: Refogar a carne com o tempero. Colocar 50ml de água e tampar. Deixar até que a carne fique completamente cozida. Amasse a carne com o garfo até que atinja forma de papa ou purê.

PEIXE

INGREDIENTES

- 1 filé de tilápia;
- 1 colher de chá de tempero para peixe;
- ½ tomate picado;
- 50ml de água;
- ¼ de limão espremido (opcional).

Modo de preparo: Coloque o limão e o tempero no peixe e deixe descansar por 5 minutos. Depois, refogue o peixe até dourar. Adicione o tomate picado. Acrescente 50ml de água e deixe cozinhar por mais alguns minutos, com a panela tampada. Quando estiver bem cozido, amasse com o garfo.

FIGOS COZIDOS COM CRAVOS

INGREDIENTES
- 1 figo;
- 4 cravos;
- 50ml de água;

Modo de preparo: Higienize os figos e depois corte-os ao meio. Coloque numa panela a água, os cravos e o figo cortado ao meio com a polpa voltada para baixo. Tampe a panela e deixe ferver até o figo ficar macio. Amasse e ofereça ao bebê. Dica: os cravos podem ser substituídos pela especiaria do seu gosto, como canela ou baunilha, por exemplo.

BANANA ASSADA COM CANELA

INGREDIENTES
- 1 banana prata;
- 1 pitada de canela.

Modo de preparo: Corte a banana em sentido longitudinal. Salpique a canela por cima e leve ao forno com temperatura média de 180°C. Asse por 10 minutos e retire do forno. Raspe e ofereça ao bebê.

PERA COZIDA COM BAUNILHA

INGREDIENTES

- 1 pera *willians*;
- Algumas sementinhas de fava de baunilha;
- 50ml de água.

Modo de preparo: Higienize a pera e corte-a ao meio. Coloque numa panela a água, as sementinhas da baunilha e a pera cortada ao meio com a polpa voltada para baixo. Tampe a panela e deixe ferver até que a pera fique macia. Raspe e ofereça ao bebê.

ANEXO

DIÁRIO ALIMENTAR DIA / /				
Refeição	Horário	Alimentos consumidos	Local	Observações/ Houve reação alérgica?/Quem ofereceu?
Refeição 1				
Refeição 2				
Refeição 3				
Refeição 4				
Refeição 5				